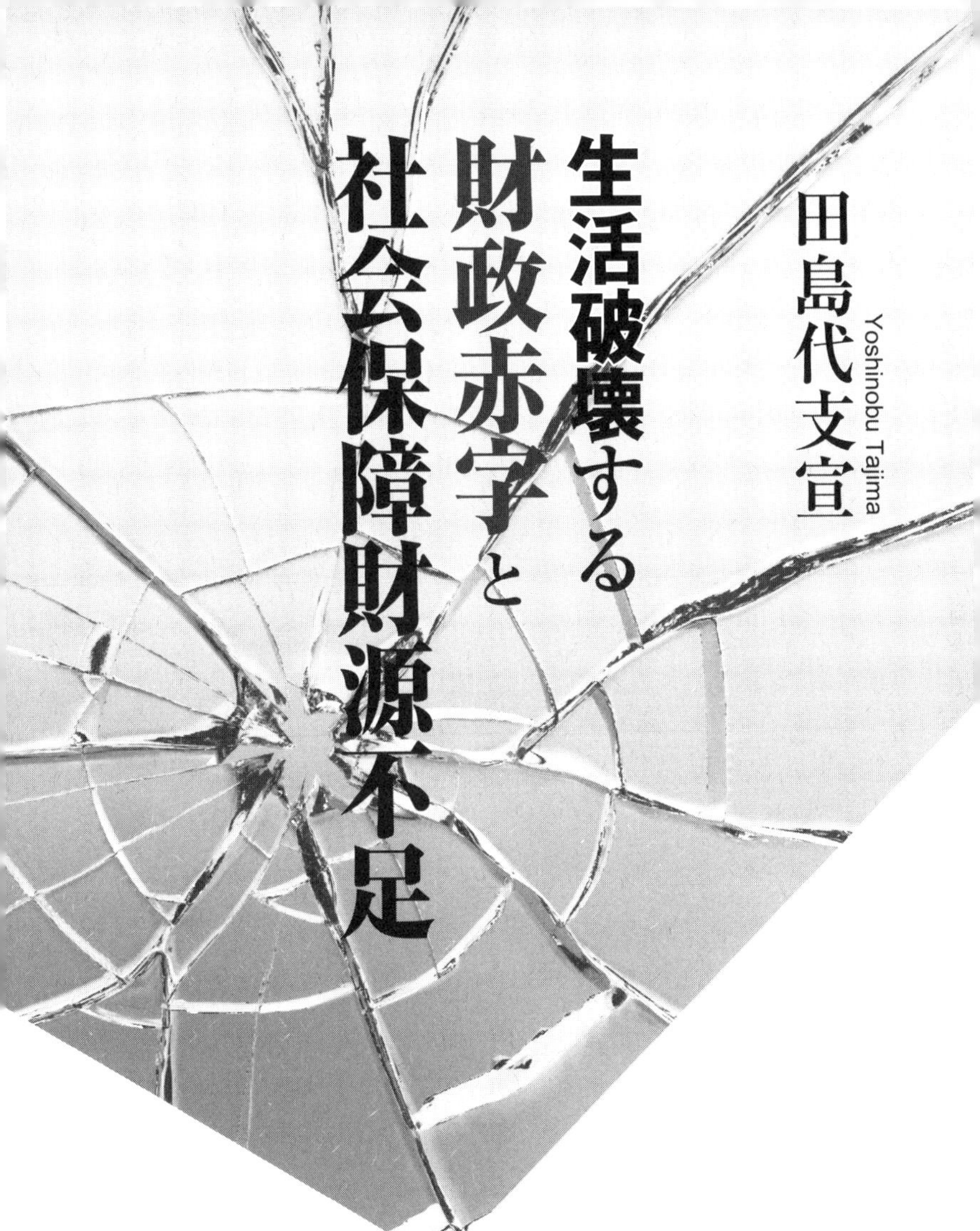

田島代支宣
Yoshinobu Tajima

生活破壊する財政赤字と社会保障財源不足

海鳥社

まえがき

20年以上前から少子高令化と現役世代（15～64歳）人口の減少が生じてきた。高齢化の真の意味は老齢化であり、今後、年金、医療、介護費用が増大し、財源、中でも公費が不足していく。

戦後国債の発行は1965年度から始まり2018年3月末の国債および短期借入金の額は1000兆円を超えてきた。国税収入を60兆円とすると、約16倍にもなる。

アベノミクスは異次元金融緩和、機動的財政運営、成長戦略とされるが、しかし、2019年3月の日銀の国債額は470兆円以上であり、財政赤字をごまかし、出口戦略もとれない。大きな投資をする源資もない。

税収のうち、消費税は逆進的であり、法人税は税率を低め、財政赤字と格差を拡げ、所得税は富裕層を優遇してきた。

巨額財政赤字と社会保障財源不足は今日の経済の2つの大きなテーマであり、社会保障を含む財政改革と租税改革を今するしかない。

不十分であるが、実証的に、多角的に懸命に考えてみました。皆様のお役に立てば幸いです。

田島代支宣

2020年1月

生活破壊する財政赤字と社会保障財源不足◉目次

1章　異次元金融緩和

アベノミクスは異次元金融緩和、機動的財政運営、成長戦略とされる。このうちの異次元金融緩和の限界と危険性を考える。はじめにケインズ金融論をみておく。

1　貨幣数量説

貨幣数量と物価水準の関係について貨幣数量説がある。社会全体の1年間の物価水準をP、財の取引量をT、貨幣の1年間の流通量をM、流通速度をVとすると、取り引きの総量はPTとなり、その額はその取引に使われる貨幣量MVに等しくなるので、次のようになる。

PT＝M・V

しかし、次の問題がある（湯本雅士『金融政策入門』第5章）。

①マネタリスト・アプローチでは通貨量（M）の増加とその回転率（V）の上昇が価格（P）の上昇と生産量（T）の増加をもたらすとする。しかし、通貨量の拡大と通貨の回転率の上昇の影響が物価に現れるか、生産量に現れるか明らかでない。

②MVが原因でPTを結果とするが、これにも大きな問題があり、この式は事後的に成立する恒等式であり、因果関係について何もいっていない。ケインジアン・アプローチがいうように実体経済の活発化（物価の上昇や生産量拡大）の影響で通貨量が増大することはよく起こるが、通貨量の拡大が経済の活発となるわけでない。

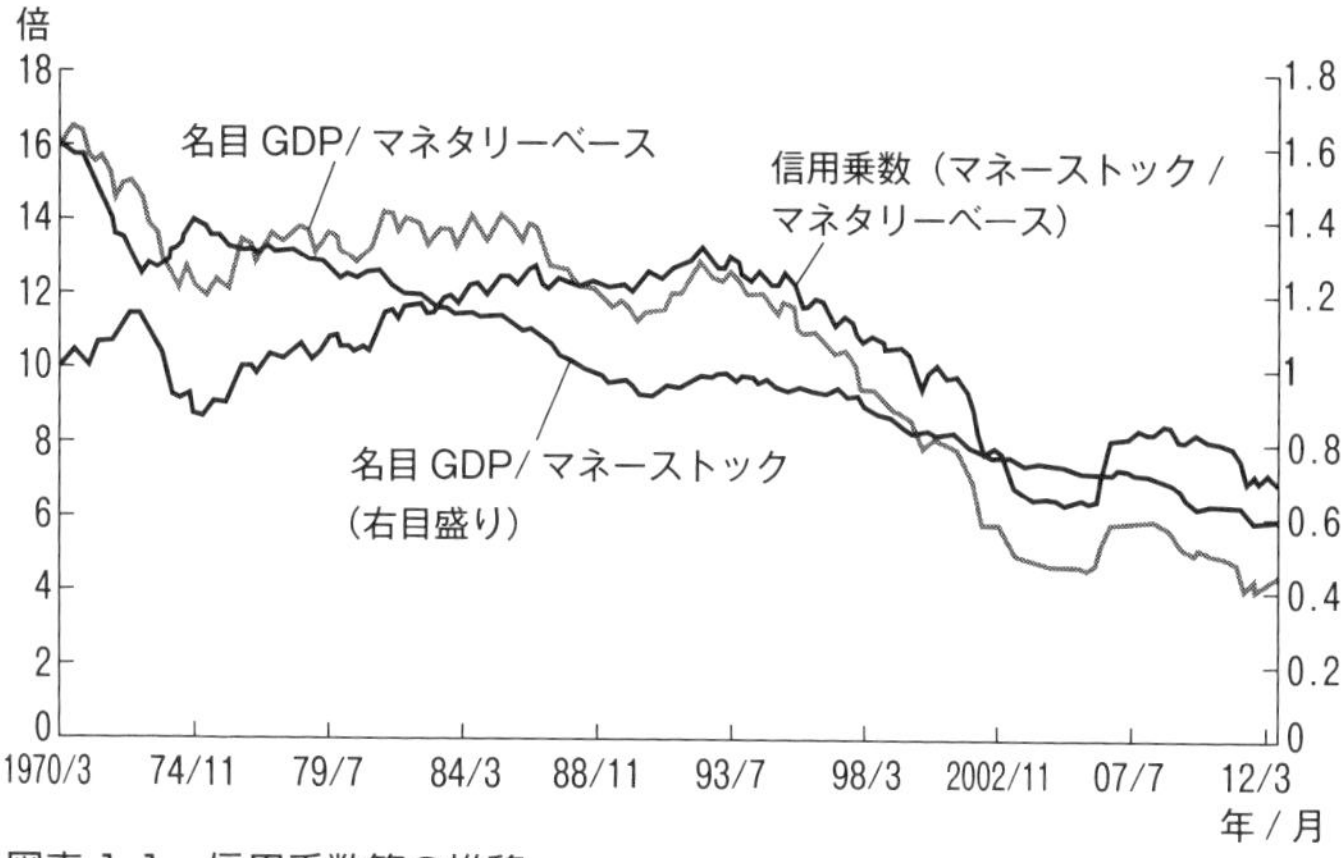

図表 1-1　信用乗数等の推移
出典：湯本雅士『金融政策入門』岩波書店、2013 年

③信用創造説、すなわちM＝R／r（M通貨量、R準備、r準備率）の安易な適用である。準備の供給者は中央銀行であるが、通貨量増加の主役は預金を取り扱っている金融機関であり、預金取扱金融機関の信用供与があってはじめて顧客の預金が増加するのであって、中央銀行が貨幣量等を増やしたとしても金融機関の信用供与が自動的に増えるわけではない。具体的図（図表1－1）で示される。ここでGDP／マネタリーベース、信用乗数（マネーストック／マネタリーベース）、GDP／マネーストックとも安定的ではない。つまり、マネタリーベースを増加させればマネーストックが増え、それが成長率を高め、物価を押し上げるわけではない。

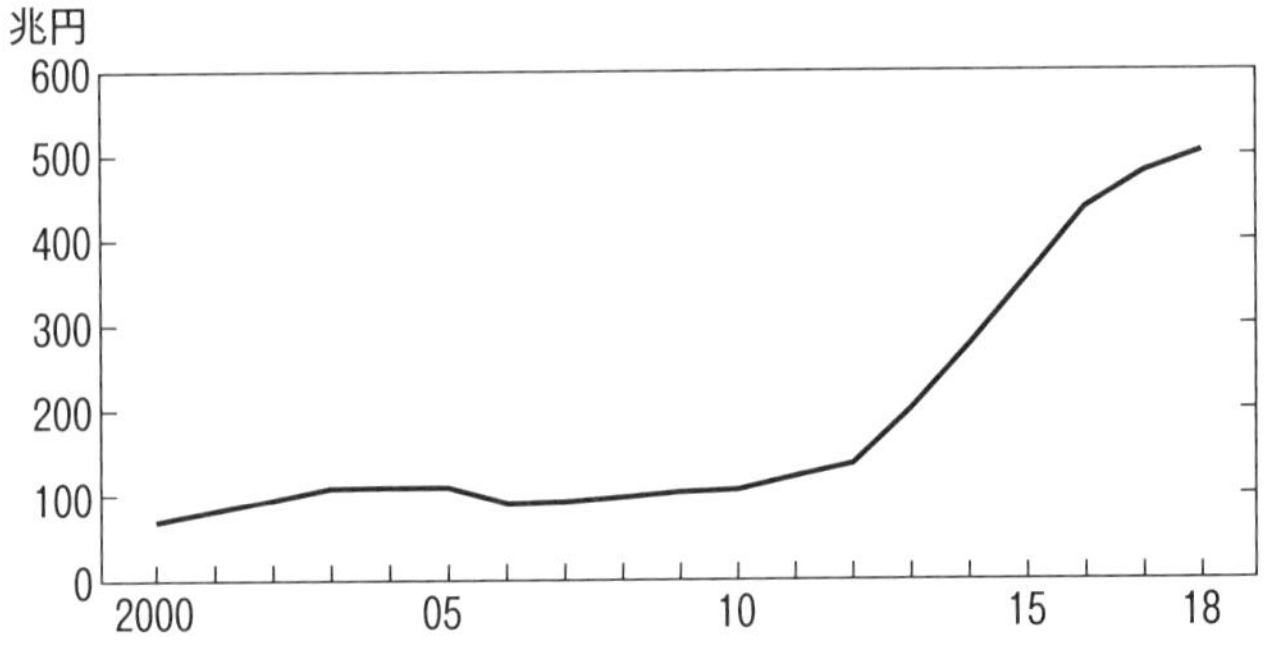

日本銀行ホームページによる。マネタリーベースとは、市中に出回る現金と、金融機関が日銀にあずけている当座預金の残高の合計。

図表 1- 2　マネタリーベースの推移（各年末）
出典：『日本国勢図会 2019 ／ 20』矢野恒太記念会、2019 年

ここで資料が少し古いので新しいものをみる。まず、マネタリーベース（図表1－2）を示す。

マネタリーベース＝日本銀行券発行高＋貨幣流通高＋日銀当座預金（翁邦雄『日本銀行』第7章）

広義流動性＝現金通貨＋預金通貨＋準通貨＋金銭の信託＋投資信託＋金融債＋銀行発行普通社債＋金融機関発行CP＋国債＋外債

GDP／マネタリーベースをみるために『日本国勢図会』より主な計数を抽出する（図表1－3）。

ここでわかることはGDP（名目）／マネタリー

図表 1- 3　マネタリーベース、広義流動性、GDP 比　（単位：兆円）

	2012	2013	2014	2015	2016	2017	2018
マネタリーベース（推定）	125	200	210	350	420	470	500
マネーストック（広義流動性）	1460	1507	1558	1615	1685	1736	1776（推定）
GDP（名国）	494	507	518	533	539	547	550
GDP ／マネタリーベース	3,95	2,53	2,46	1,52	1,28	1,16	1,10
GDP ／マネーストック	0,33	0,33	0,33	0,33	0,31	0,31	0,30

（注）GDP（名国）／マネタリーベース　安定的でない
出典：『日本国勢図会 2019 ／ 20』矢野恒太記念会、2019 年

ベースの値は安定的ではない。いいかえると、マネタリーベースを増やしてもＧＤＰが増えるときまっていない。

90年代の不況に対してマネタリストは日本銀行が貨幣供給量を増加させないのが不況の長期化の原因とした。政府もこれに和し、金利の上昇をおそれ、マネタリストに同調し、この圧力のため日銀は通貨政策を転換し、量的緩和を実施してきた。しかし「通貨は供給すれば使われるという仮定は現実に崩れ、経済内部の経済活動にもとづく通貨供給量を重視するケインジアンの主張どおりになった」（伊東光晴『現代に生きるケインズ』第4章）。

日常の言葉でいえば、通貨量をいくら増やしても経済活動が活発になるわけではなく、実際の経済活動による実需が大切である。きわめて平凡な事実である。金がだぶついていても実需がなければ経済の活発化はない。ケ

インズ的にいえば、有効需要の拡大があってこその経済活動増である。

2 ケインズ金融論

これらの貨幣数量説を信じる立場に対してケインズは次の基本方程式を示した。これによると、全体としての産出物の価格水準は次である。

$$\pi = \frac{E}{O} + \frac{I-S}{O}$$

πは全体としての産出物の価格水準、Eは貨幣所得、Oは全体としての産出高、したがってE／Oは産出物1単位あたりの生産量、Iは投資、Sは貯蓄である。I＝Sならば均衡が得られ、I＞Sならば物価水準は上がり、I＜Sならば損失が生じて物価水準は低落する。

しかし、この基本方程式においても貯蓄、投資、物価変動の因果関係は明らかにされていない。貯蓄、投資がどのように決まるかを示さなければならない。それを明らかにしたのが、『雇用、利子及び貨幣の一般理論』である。そこでは投資と貯蓄とが所得の水準を決定していく。物価の変化は有効需要の変化によってもたらされる。有効需要の額をＤとすると、それは事後的には供給価額Ｚに等しい。供給価額は物的数量Ｏとその平均価額Ｐの値に等しい。

$$D = P \cdot O$$

ここで有効需要が増加すると次のようになる。

$$\triangle D = P\triangle O + O\triangle P$$

$$\frac{\triangle D}{D} = \frac{\triangle O}{O} + \frac{\triangle P}{P}$$

Ｄは社会全体であり、Ｐはそれに対応する物価水準である。この式からいえることは物価の変動に貨幣数量の変化は関係しないことである。

１９３０年代の不況に対して雇用の不安定を解消する政策をのべ、金本位制から管理通貨制をのべ、有効需要の原理をのべた。一国の雇用水準は消費と投資からの有効需要の大きさに規定される。消費は社会の消費性向に依存し、投資は投資誘因に依存し、投資誘因は資本の限界効率と利子率に依存する。資本の限界効率は資本資産の供給価額と見込収益に規定され、利子率は貨幣量と流動性性向によって決まる。

消費は社会の消費性向によって決まる。

投資は資本の限界効率と利子率に依存する。

「資本の限界効率はその資本資産からその存続期間を通じて得られるであろうと期待される収益によって与えられる年金の系列の現在値をその供給量に等しくさせる割引率に相当するものである」（『雇用・利子及び貨幣の一般理論』第3章）

収益の系列をQ_1、Q_2……Q_n、資本資産の供給価額をR、資本の限界効率をmとすると、

$$R=\frac{Q_1}{1+m}+\frac{Q_2}{(1+m)^2}+\frac{Q_3}{(1+m)^3}\cdots\cdots\frac{Q_n}{(1+m)^n}$$

これらの全体の動きを数式で示す。政府と海外の動きがない場合において国民所得をY、

消費をC、貯蓄をS、投資をIとする。

$Y=C+S$

$Y=C+I$

したがって、$S=I$

限界消費性向を$\alpha=\dfrac{\Delta C}{\Delta Y}$とすると

$Y=C+I$

であるから、$\Delta Y=\Delta C+\Delta I$

$$\Delta Y=\alpha\cdot\Delta Y+\Delta I$$

$$\Delta Y=\frac{1}{1-\alpha}\Delta I$$

$\dfrac{1}{1-\alpha}$を乗数といい、投資は乗数倍の所得の増加を生む。また、投資は生産力効果を持ち、生産力を高める。

投資は資本の限界効率と利子率に依存するが、そこには限界がある。流動性の罠である。

それはＩＳ－ＬＭモデルから示される。マクロ経済の短期均衡は財・サービス市場を均衡させる金利とＧＤＰの組み合せ（ＩＳ曲線）と「通貨市場を均衡させる金利とＧＤＰの組み合せ（ＬＭ曲線）との交点で決まる」（翁邦雄『日本銀行』第７章）。金融緩和をして通貨量を増やすとＬＭ曲線が右側にシフトして金利が下がるのでＧＤＰは増え、景気は拡大する（⑴通常の場合）。しかし、完全雇用に達する前に金利がゼロになる、金融緩和してＬＭ曲線が右側にシフトしても金利はゼロより下がらないので、ＧＤＰは完全雇用水準を下回ったままで経済全体の需要不足は解消しない（⑵流動性の罠）。

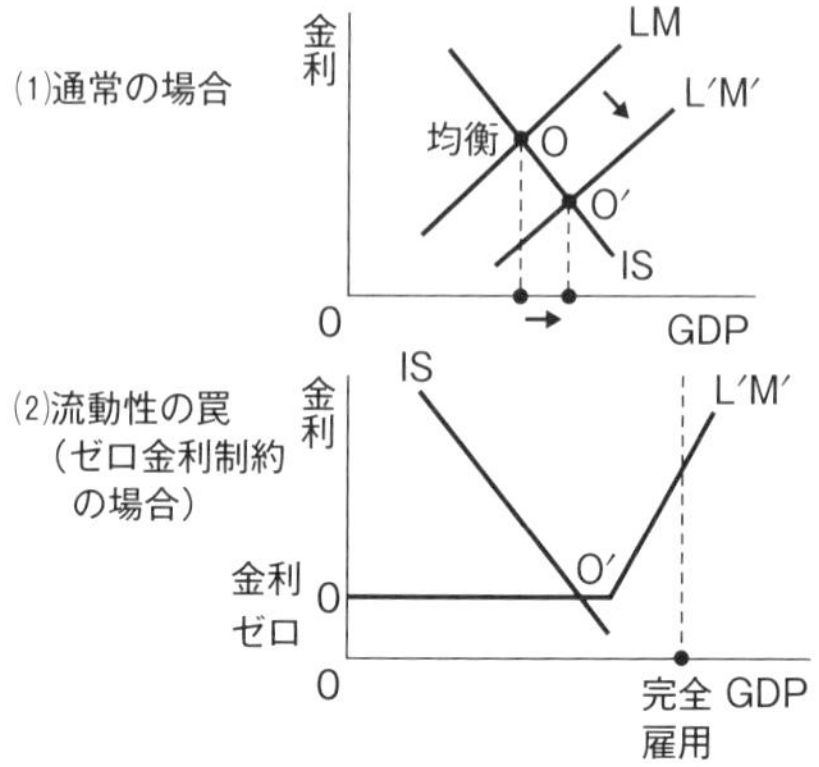

図表１- ４　IS-LM モデル
出典：翁邦雄『日本銀行』筑摩書房、2013 年

中央銀行が国債を買い、発行する通貨を増やしても財・サービスを買うわけではないのでＩＳ曲線は動かず、ＬＭ曲線を動かすのみであるから、マネタリーベースを増やしても、均衡の所得水準は完全雇用以下の水準である。これを図（図表１－４）で示す。

利子率がこれ以上低下せず、将来の見通しとしては上昇しかないとする。すると人々は

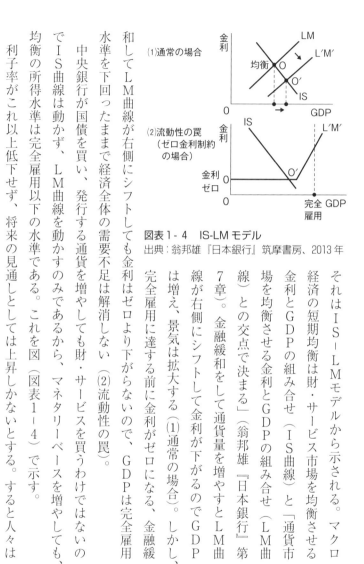

貨幣がいくら増えてもそれを保蔵してしまう。つまり、貨幣供給量の変化は利子率に影響を与えず、投資支出にも影響を与えない。ケインズはこうした状態を流動性のトラップ（罠）と呼んだ（野口悠紀雄『日本を破滅から救うための経済学』第1章）。

・ケインズは1930年代のイギリスがこれにあたるとした。貨幣量の増大は経済活動を高めない。

・2012年以降の日本の利子率はきわめて低い。よく似た状況である。

・糸と同じで「引く」ことはできるが、「押す」ことはできない。そこでは金融政策はあまり大きな効果がない。

・流動性トラップの場合、有効なのは財政政策である。しかし、日本の場合は財源の制約が大きい。

・過剰な国債は将来的には暴落もありうる。そのとき、国民の生活は破壊される。

伊東光晴はアベノミクスを批判してのべる（伊東光晴『アベノミクス批判』第1章）。

利子率の低下は0.5％とか1％というような幅であるのに比べて投資からの収益は不確実性を伴いながら、はるかに大きな幅である。したがって利子率の低下は利潤率の不確実性の中に吸収され、企業行動の決定要因とならない。

日常の言葉でいえば供給された金は銀行の口座や個人のタンス預金となるのみで投資を刺激するものにならない。わずかな金利の低下で企業が投資を増やす行動をしない。

3 現在の異次元金融緩和の危険性

(1) 異次元金融緩和

ここでの大きな動きは紙幣造発して、民間の国債を購入していることである。ケインズ論と一切関係ない。

はじめに日銀のバランス・シートの推移を示す（図表1－5）。

・1998年、国債52・0（兆円）（12月末）発行銀行券55・9、当座預金4.4

2018年、国債459・2（5月末）発行銀行券103・7、当座預金384・2

・1998年頃では政府の国債を民間金融機関が購入してその一部を日銀が買っている。

図表1-5　日銀のバランスシート推移　(単位：兆円)

	資　産	負　債
1998年12月末	国債 52,0 その他 計 91,2	発行銀行券 55,9 当座預金　4,4 その他 計 91,2
2012年12月末	国債 89,2 その他 計 158,4	発行銀行券 86,7 当山預金 47,2 その他 計 158,4
2014年12月末	国債 190,0 その他 計 290,0	発行銀行券 90,0 当座預金 175,0 その他 計 290,0
2018年5月末	国債 459.2 その他 計 541,0	発行銀行券 103,7 当山預金 384,2 その他 計 541,0

（注）2013年3月日銀国債保有額125兆円
　　2019年3月日銀国債保有額478兆円総資産564兆円
出典：藤巻健史『日銀破綻』幻冬舎、2018年
　　金子勝『平成経済衰退の本質』岩波書店、2019年

しかし、2018年では国債の大部分を日銀が買っている。実質的な財政ファイナンス（国債日銀引受け）である。

・財政法違反である。4条はのべる。「すべて国債の発行については日本銀行からこれを借入れてはならない。但し特別の事由がある場合において、国会の議決を経た金額の範囲ではこの限りでない」

・日銀が国債を購入しなかったら、

国債の長期金利が上がる（国債価額が下がる）。

これらの動きを一口でのべると国債の大部分を日銀が紙幣造発して購入している。ごまかしといえ、法律違反である。

これらの当初の目標を示す。

・インフレ目標、２年程度で２％のインフレをめざす。
・量的緩和、マネタリーベースを年間60～70兆円ベースで増加させ、２年で２倍へ。２０１２年末－１３８兆円、２０１７年末４８０兆円とする。
・資産購入、長期国債を大量に購入する。特に長期国債は年間50兆円とする（２０１９年３月４７８兆円にもなっている）。

その後の具体的政策をみる。

図表1-6　マネーストック推移　(単位：兆円)

	2015	2016	2017	2018
M 2	906	936	97,3	1002
M 3	1222	1257	1299	1332
M 1	616	659	711	755
現金通貨	86	91	95	99
預金通貨	529	568	616	655
その他	606	597	587	576
広義流動性	1615	1685	1736	1776

マネーストック：通過保有主体が保有する通貨量の残高（金融機関や中央政府が保有する預金などは含まない）。通過保有主体の範囲は、居住者のうち、一般法人、個人、地方公共団体・地方公営企業が含まれる（一般法人は預金取扱機関、保険会社、証券会社などを除く）。

M 1：現金通過＋預金通貨。対象金融機関は、M2対象金融機関（下記参照）、ゆうちょ銀行、農業協同組合、信用組合など（すなわち全預金取扱機関）。

現金通貨：銀行券発行高＋貨幣流通高。

預金通貨：要求払預金（当座、普通、貯蓄預金など）－対象金融機関が保有する小切手・手形。

M 2：現金通貨＋国内銀行等に預けられた預金。対象金融機関は、日本銀行、国内銀行（ゆうちょ銀行を除く）、外国銀行在日支店、信金中央金庫、信用金庫、農林中央金庫、商工組合中央金庫。

M 3：M 1＋準通過＋CD。すなわち、現金通貨＋全預金取扱機関に預けられた預金。なお、準通過は定期性預金、外貨預金、定期積金など。CDは譲渡性預金で、銀行が発行する無記名の預金証書。対象金融機関は、M1に同じ。

広義流動性：M 3に金銭信託、投資信託、金融債、銀行発行普通社債、国債、外債などを加えたもの。対象金融機関は、M 3対象金融機関、国内銀行信託勘定、中央政府、保険会社等、外積発行機関。

出典：『日本国勢図会2018／19』2018年、『日本国勢図会2019／20』2019年、共に矢野恒太記念会

・2013年4月消費者物価上昇2％とするためにマネタリーベースを年間60～70兆円（2014年10月80兆円に変更）とする。マネタリーベースとは日銀が市中に送り出す金で民間金融機関が日銀に預けている当座預金と市中に出回る現金の計である。2017年末約480兆円、2018年末540兆円ほどである。併せてマネーストックの推移を示す（図表1－6）。

・日銀が購入する資産も長期国債だけでなく、上場投資信託、不動産投資信託などを加えた。

・日銀は2016年1月日銀当座預金にマイナス金利（△1・2％）を適用した。日銀当座預金を減らすことで企業や個人への貸し出しを促がす。

・2016年9月質的量的金融緩和を導入し、日銀当座預金へのマイナス金利のみでなく10年物国債の金利がゼロ金利になるように定められた。

・2018年4月には政策を継続する。

・物価の2％上昇実現は2019年度になるとする。しかし2019年8月物価の2％上昇はない。

（2）物価上昇

これらにより、インフレを起こすことは不確実である。人々はインフレが起こると信ずれば物価上昇以前に消費を増やし、企業も投資を増やす。こうして需要が拡大し、実際に起こる。

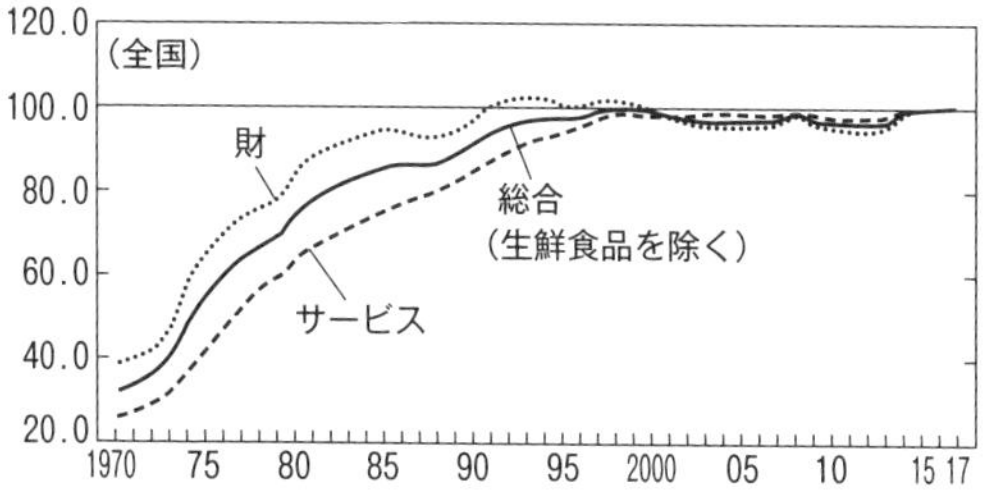

総務省統計局「消費者物価指数」による

図表1-7　消費者物価指数の推移（2015年＝100）
出典：『日本国勢図会 2018／19』矢野恒太記念会、2018年

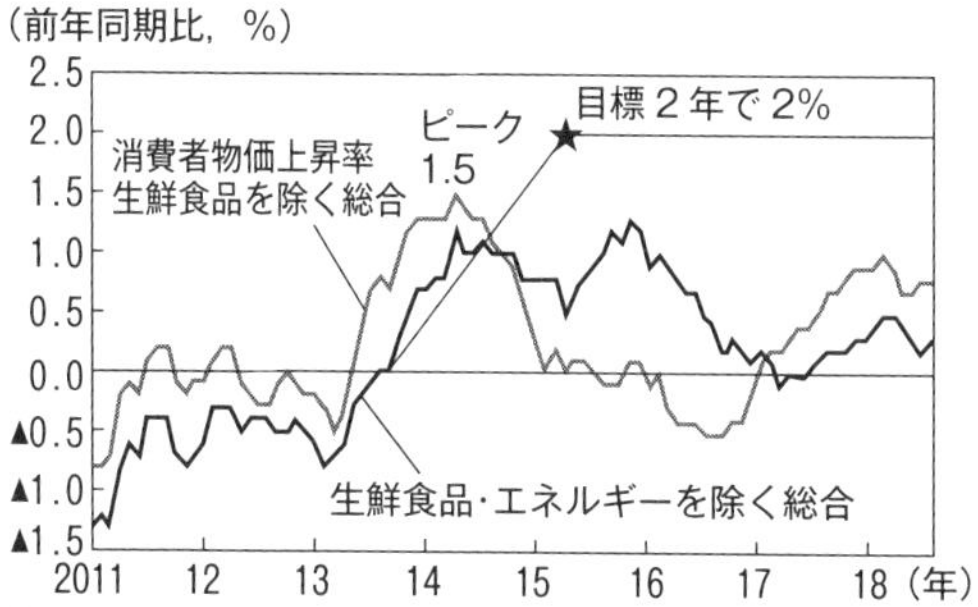

（注）消費税の影響を除く
総務省「消費者物価指数」より作成

図表1-8　消費者物価上昇率
出典：大守隆『日本経済読本』東洋経済新報社、2019年

しかし、ゼロ金利下では日銀の金融緩和によりインフレを起こすことは困難である。融資先のない銀行はその資金を当座預金増とするのみとなる。２０１８年５月では日銀の国債残高４５９兆円、

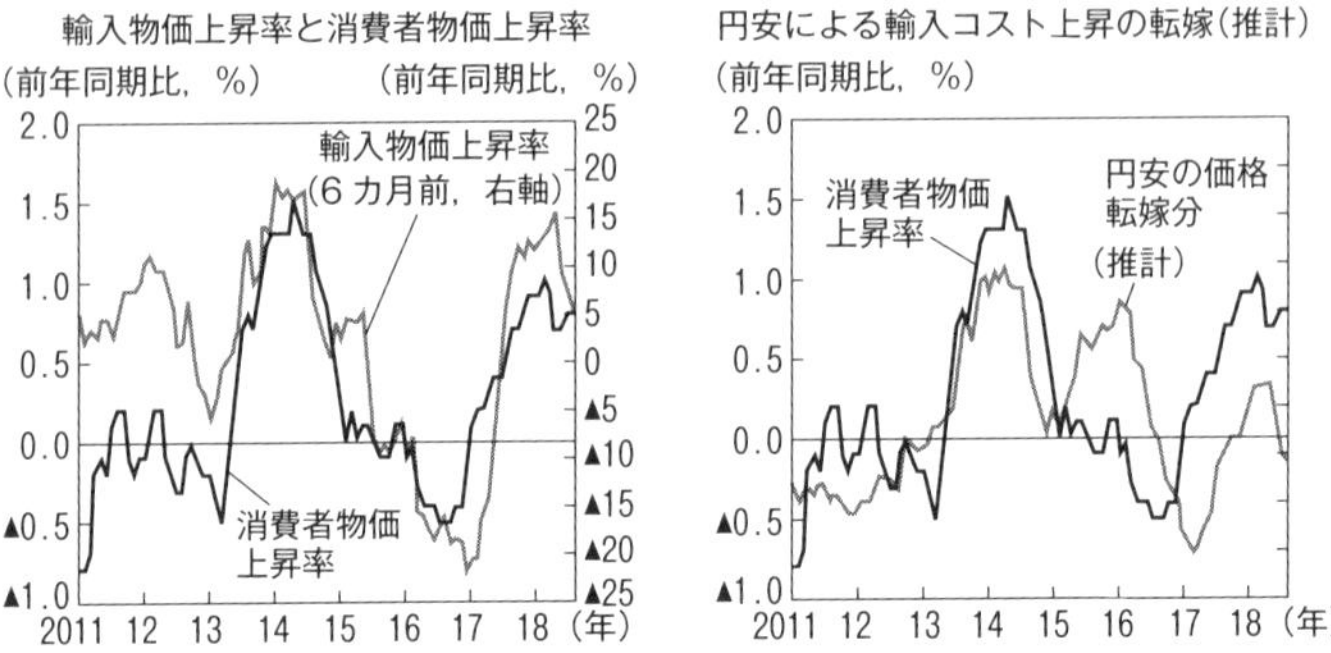

（注）消費者物価上昇率は消費税の影響を除く。輸入物価上昇率は、価格転嫁までに約半年のラグがあると見なし、6カ月後ろにずらして並べている。円安の転嫁は、Shoji（2014）"Time Varying Pass-through" に基づき、25％の円安が1％の消費者物価上昇をもたらすとして推計。転嫁にも6カ月のラグを想定。
日本銀行「企業物価指数」「金融経済統計」、総務省「消費者物価指数」より作成

図表1-9　輸入コストの上昇と消費者物価上昇率
出典：大守隆『日本経済読本』東洋経済新報社、2019年

当座預金残高384兆円と巨額である。金が国―銀行―日銀の中で動いているのみである。

日常の言葉でいえば消費や投資を動かす社会の実需がなければ、需要は増えず、インフレにもならない。マネタリーベースを2倍、3倍としてきたが、インフレを起こすことはなかった。具体的図（図表1―7・8）を示す。少し上昇しているが2015年には低下している。一時的な物価の上昇は原材料の値上がりによるものとみられ、需要が供給を上回ることによるインフレではない。輸入コストの上昇による物価上昇率の関係を示す（図表1―9）。

その弊害を次で考える。

（3）異次元金融緩和の弊害

量的緩和によってマネタリーベース（とくに日銀当座預金）を増やせば、民間銀行は金利のつかない当座預金から金利を得られる企業貸出や民間貸出に振りむけるから効果があるとする。しかし、マネタリーベースは急激に増えているが、銀行貸し出しはわずかしか増えていない（図表１－10）。この理由として金融緩和の罠として説明できる。

過去の買オペでは政府が発行した国債を民間金融機関が購入し、それを日銀が購入するたびごとに金融緩和し、景気を刺激するものとされた。

現在では銀行や金融機関が購入した国債は翌日又は短期間内に日銀に売り払いされる。その資金の源資は紙幣造発である。２０１５年度において日銀の国債購入額は１１０兆円、国債発行額は１５４兆円

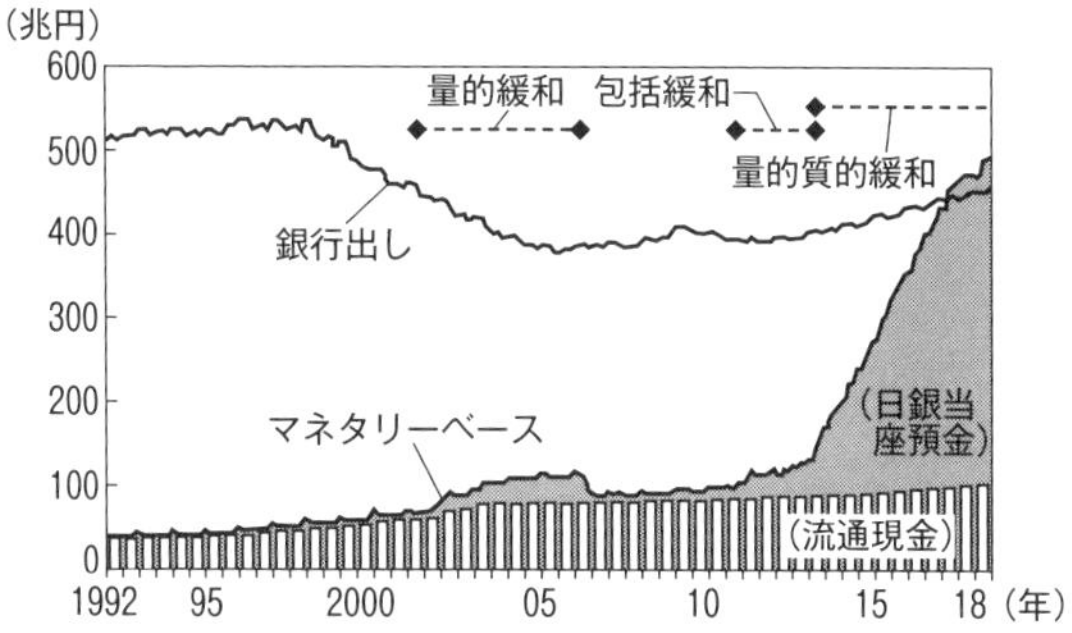

日本銀行統計より作成

図表1-10　マネタリーベースと銀行貸出の推移
出典：大守隆『日本経済読本』東洋経済新報社、2019年

である。実質的な赤字国債の日銀引き受けである。通常の場合7割ほどを購入している。これを模式的に示す（図表1－11）。

一方、国債の推移（当初予算ベース）を示す。

年度	発行予定額	国債残高（予定）
'00	32（兆円）	367（兆円）
'10	44	636
'16	34	830
'17	34	853
'18	33	850
'19	32	896

国債残高は増える一方である。

国債の市場価額を決めるものは市場に売り出される国債とその買手による資金である。価額は通常の需要と供給による。しかし、次のことが起こりうる。その例を示す。

図表1-11　日銀による国債引受け模式図

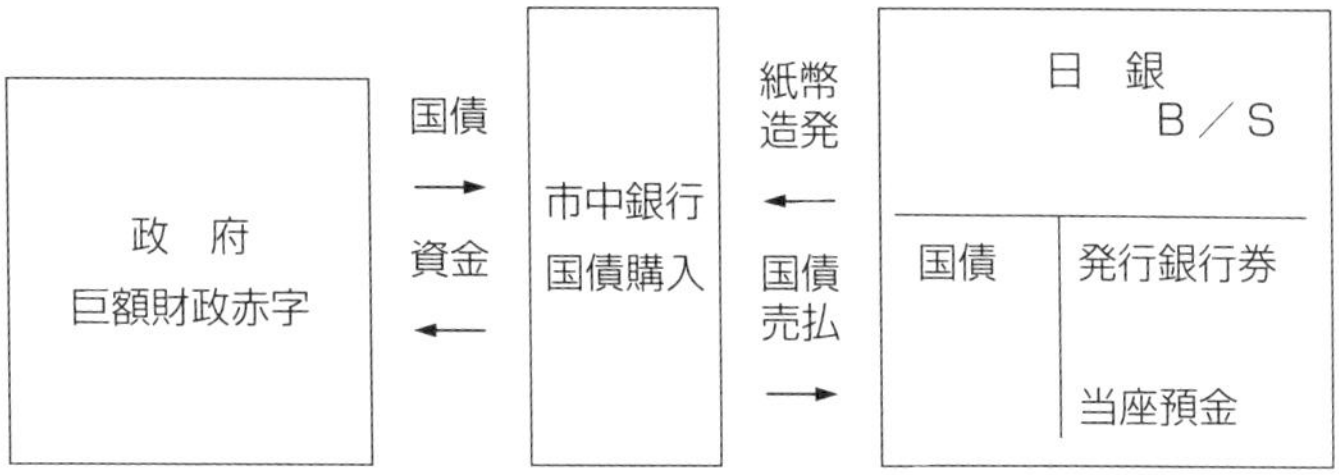

（注1）2017年度予定国債:（当初予算)34（兆円）予定国債残高853(兆円）
（注2）2018年度予定国債:（当初予算）33（兆円）予定国債残高880（兆円）
（注3）2019年度予定国債:（当初予算）32（兆円）予定国債残高896（兆円）
（注4）2016年12月末で国債と国庫短期証券の計は1075兆円になる
（注5）2018年5月資産（負債）541兆円　（資産）国債459（兆円）
（負債）発行銀行券103；当座預金384
（注6）発行額の約7割を購入
（注7）総資産564兆円（2019年3月）　478（国債）／564≒85%
国債の約半分を日銀保有

①日銀が国債を売り始めたら金利が上がる。
7割買っている機関が売る。価額が下落するのはあたり前である。しかし、これは政府側が認めないから、起こりえない。

②日銀が新規国債を購入しない。ここでも国債価額が崩れて金利が上昇し、財政赤字がより大きくなる。国債の所有者には大きな損失が生じる。

③大口の国債所有者が国債を投げ売りする。ここでも金利が上がる。

この他にもいろいろなケースがあるが、

国債価額が下がり、金利が上がる事態が起こりうる。

(4) 出口政策がとれない

その出口政策には多くの困難と欠点がある。

①政府が財政規律を守らない。年間80兆円という国債購入ペース(2018年度)は新規国債予定額(2018年度33兆円)を大きく上回る。この状況では政府は歳出削減や増税にまじめに取り組まない。財政再建が少しも進まない。赤字は増えるのみとなる。

②日銀が供給したマネタリーベースは2018年7月で約500兆円となる。これだけの資金供給があってもインフレにならないのはその大部分が日銀や銀行内に死蔵されているからである。

③利率を正常化するには、マネタリーベースを減らし、国債を売る必要がある。しかし、国債価額が下がり、所有者に損失が発生し、国の金利負担が増える。財政再建も進まな

い。

④国債価額の下落は日銀に大きな損失が生じる。日銀破綻につながる。

これらのアベノミクスの批判を示す（金子勝『平成経済衰退の本質』第4章）。「その基盤にあるのは出口を考えない中央銀行の信用創造である。日銀はインフレターゲット論に基づいて「2年で2％の物価上昇率」を政策目標に掲げ、マネタリーベース（現金＋日銀当座預金）を2年間で2倍に、長期国債の保有量を2倍超にした。だが、デフレ脱却の目標は達成できず、達成時期を6回延期したあげく、達成時期そのものを削除してしまった」。この間のごまかしを数字で示す。

・日銀の国債保有額

2008年	42兆円
2013年3月	125兆円
2019年3月	478兆円

通貨造発により国債を購入している。
・株式、ＥＴＦ（指数連動型上場投信）
２０１３年３月　1.5兆円購入
２０１９年３月　24兆円購入
余裕金で民間の株式等を支えている。
・日銀の資産　２０１９年３月５６４兆円
この大部分は通貨造発による。
・国の借金（短期借入金を含む）
２０１３年度　９９１兆円
２０１７年度（２０１８年３月）　１０８７兆円
ＧＤＰ比で戦時中の比にあたる。

さらに次がある。
超低金利政策は銀行の経営を困難にしている。国債の保有者も２０１８年６月で日本銀行が約42％で最大の国債の保有者である。その全体の流れは紙幣造発による財政法違反の国債保有である。2018年に入って日銀の買入れに応札がないことが7回も起きている。金利が低く、その信用がなくなっているからである。債券に信用がなくなれば、誰も買わない。赤字を真剣に考えず、さきのばし、ごまかしのみである。

日銀の金融緩和にも根源的な不信が生じてもおかしくない。紙幣は紙きれであり、そこに信用があるから流通する。国債は徴税権と政治に対する信用があるから大金で買う。それらに信用がなくなればハイパーインフレが起きてもおかしくない。それは究極の大増税であり、国民の生活は破壊される。

2章　巨額財政赤字

１９３０年代の不況に対して国際的な金本位制はその機能を停止し、ドル本位化して、国際均衡と国内均衡との矛盾は明確になっていた。ケインズはこの矛盾を国内均衡の達成から解決しようとして、デフレよりもインフレを、金本位制よりも管理通貨制を、外国為替の安定より国内物価の安定を選んだ。そのために「一般理論」をのべ、軽度のインフレを通じて完全雇用の達成を求めた。そのための政策として次の３つを挙げた。

・金本位制から管理通貨制に移行する。

・インフレにより不完全雇用をなくす。
・国内有効需要の創出をはかる。具体的に家計消費の増加、政府公共事業の増加、金融政策から利子率を低めて民間投資を拡大する。

そこからの金融財政政策として4つある。

・金融政策により景気を安定させる。具体的なものとして公定歩合、オペレーション、預金準備率の操作など。
・資源配分の調整。民間部門と公的部門との投資配分を適正にする。
・租税や社会保障による所得再分配をめざす。
・経済の安定化、とくに不況期には財政出動して経済成長をめざす。

しかし、その政策と現在の経済状況を比べて次のことは一切のべていない。

・通貨造発により日銀が実質的に国債を引き受けする。

・財政赤字は好況期になくす。現在のような巨額赤字をいっていない。租税収入ではなく安易に国債収入により赤字財政を長期間とってきた。債務全体で１０００兆円を超えてきた。税収を60兆円とすると16倍にもなる。

１　財政赤字の経緯

ⓐ 高橋財政

現在と戦前の借金の比較がなされている（図表２－１）。そこでのＧＤＰ比として、

１９４４年　２０４％
２０１９年　２２０％（見込）

とあり、ほぼ戦前と同じ比率である。

高橋是清は１９３１～３６年まで高橋財政を実施した。戦争による経費を得るため、国債を大量に発行していった。

・通貨と金（ゴールド）の交換を停止した。金本位制をやめ、管理通貨制とした。

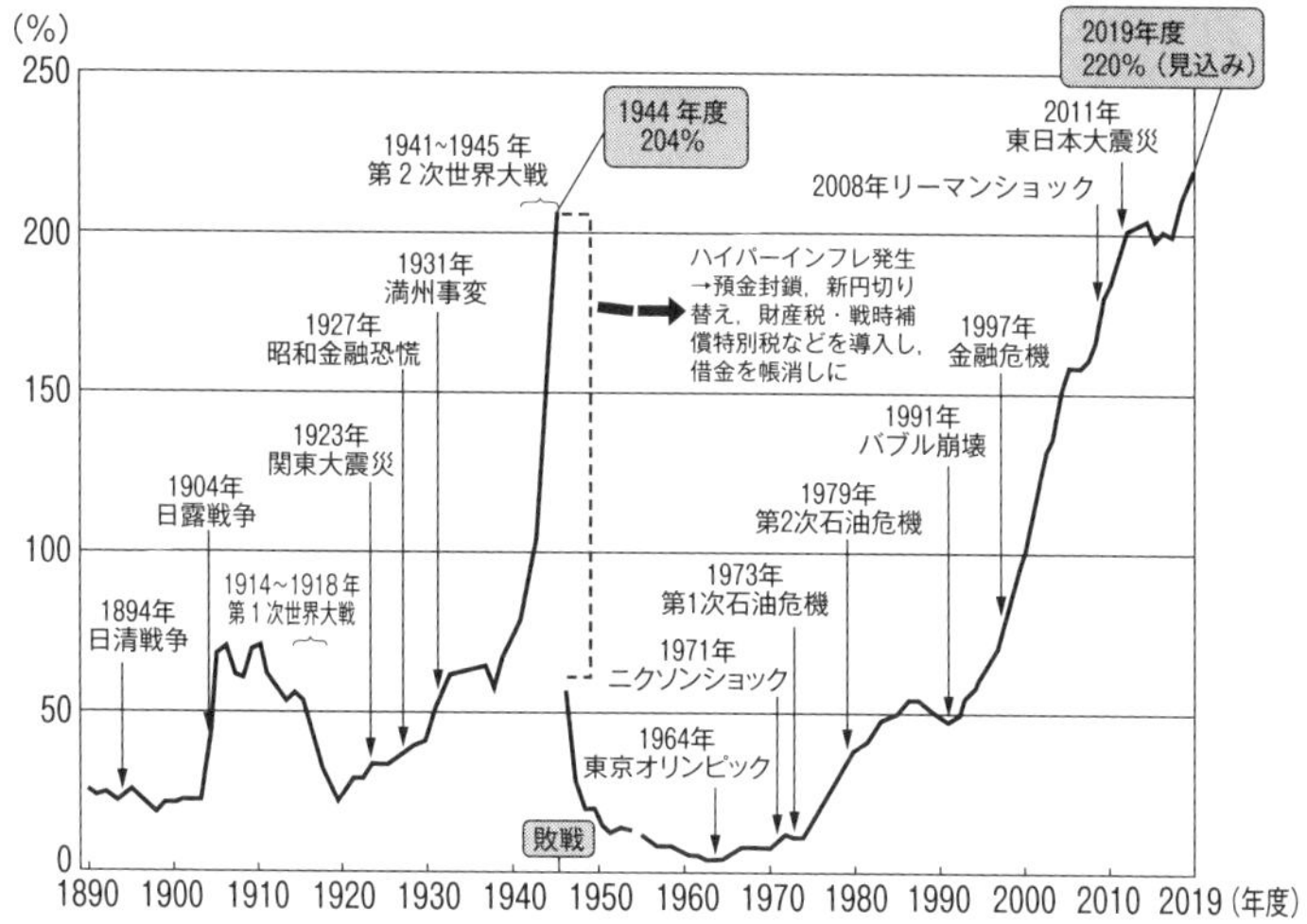

図表2-1　現在の借金の増え方は戦前・戦中と酷似している
出典：原真人『日本銀行失敗の本質』小学館、2019年

・戦争の遂行のための資金を得るため、日銀に国債を引き受けさせた。
・国債発行額を急激に増やした。開始前年度の規模を100としてその後の増大が示され、併せて国債発行額の推移が示される（図表2－2、3）（アベノミクスの場合急激な国債増はない）。
・日銀に引き受けさせていた国債の大半を後に民間金融機関に買い取らせていた。そのためインフレにならなかった（アベノミクスの場合、民間が引き受けした国債は短期間内に日銀が買い取っている）。

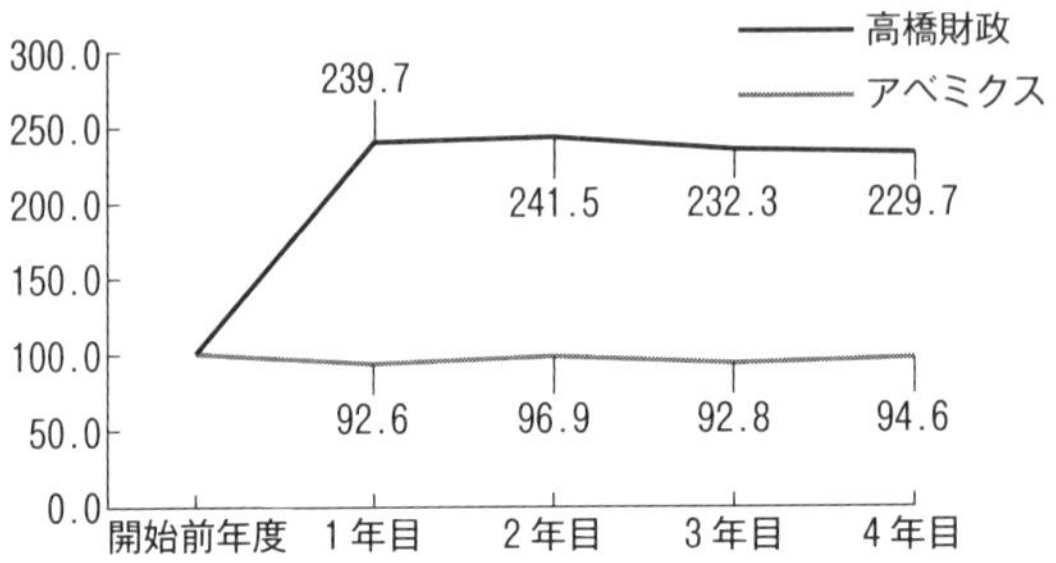

開始前年度＝100とする指数
資料：新版『日本長期統計総覧』第1巻「12-10　政府債務現在高（明治3年〜昭和59年）」、財務省「戦後の国債管理制作の推移」

図表2-2　国債発行額の推移
出典：明石順平『データが語る日本財政の未来』集英社インターナショナル、2019年

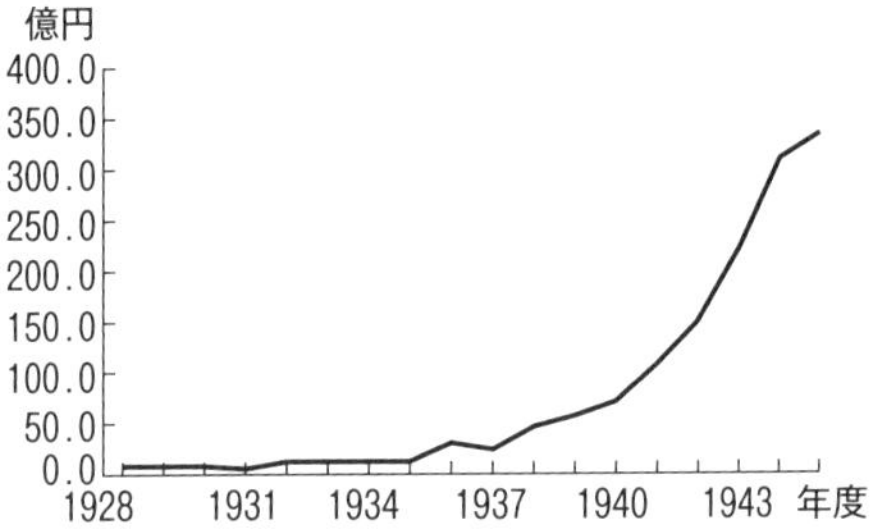

資料：新版『日本長期統計総覧』第1巻「12-10　政府債務現在高（明治3年〜昭和59年）」

図表2-3　国債発行額の推移
出典：明石順平『データが語る日本財政の未来』集英社インターナショナル、2019年

しかし、１９４６年度にハイパーインフレになった。１９４５年＝１００として１９５５年では１００倍ほどになっている。「総合インフレ対策」が実施された。

・金融機関の預貯金を封鎖
・1946年に10円以上の銀行券を無効とした。
・旧券を強制的に預入れさせ、封鎖するとともに、一方で新銀行券（新円）を発行し、一定限度内に限って旧券との引きかえを認めた。

つまり預金封鎖と新円切り替えをして、それまで国債を引き受けしていた人の金を奪い新円の切り替えを強行した。国民の資産を吸収し、預金は切り捨てられた。

(b) 国債の発行と残高

赤字国債の発行を1965年度から始めた。当初弾力的財政政策として好意的にとられた。その後の動きは税負担を問わずに国債発行による財政運営をしてきた。長期推移（図表2－4）を示す。まさにワニの口のようにあいた口がふさがらない。2018年度当初予算ベースで予定国債残高は880兆円にもなる。2019年度では896兆円（予定）。国債残高とGDP比（図表2－5）を示す。併せて一般会計国債の推移（図表2－6）を示す。

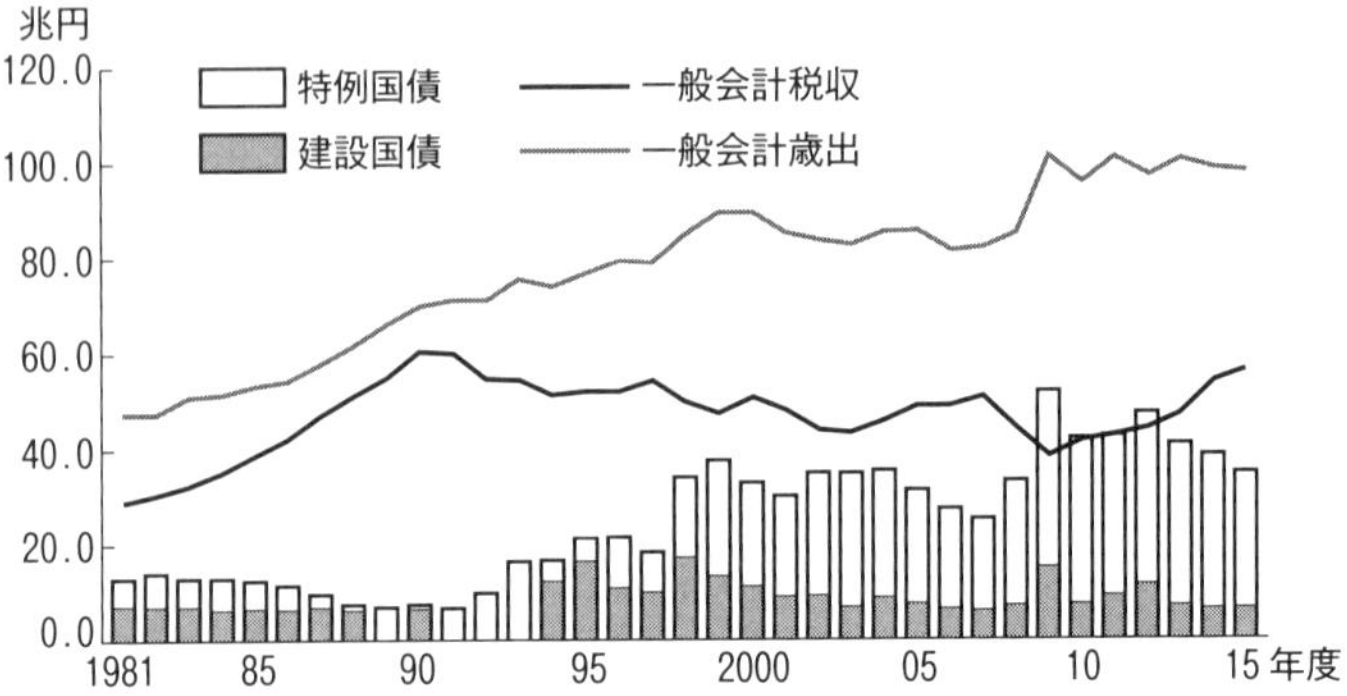

資料：財務省ホームページ「財政統計」、新版『日本長期統計総覧』第１巻「5-2a 一般会計—主要科目別歳入決算額（昭和21年度〜平成15年度）」、財務省「一般会計税収の推移」「戦後の国債管理政策の推移」

図表２-４　一般会計歳出・税収・建設国債・特例国債発行額の推移
出典：明石順平『データが語る日本財政の未来』集英社インターナショナル、2019年

赤字増大の簡単な経緯をみる（明石順平『データが語る日本財政の未来』など）。

・１９６５年度より赤字国債を発行。
・１９７３年にオイルショックが生じた。高度経済成長が１９７３年度に終了し、税収が伸びた一方公共投資も社会保障費も伸びたので財政が悪化していった。
・１９８６〜１９９１年度まで歳出と税収の差が縮少している。しかしバブル崩壊により景気悪化のため減税と公共投資が増大し、国債発行額が急増した。
・１９９３年度から１９９７年度までいわゆる建設国債を10兆円以上発行。所

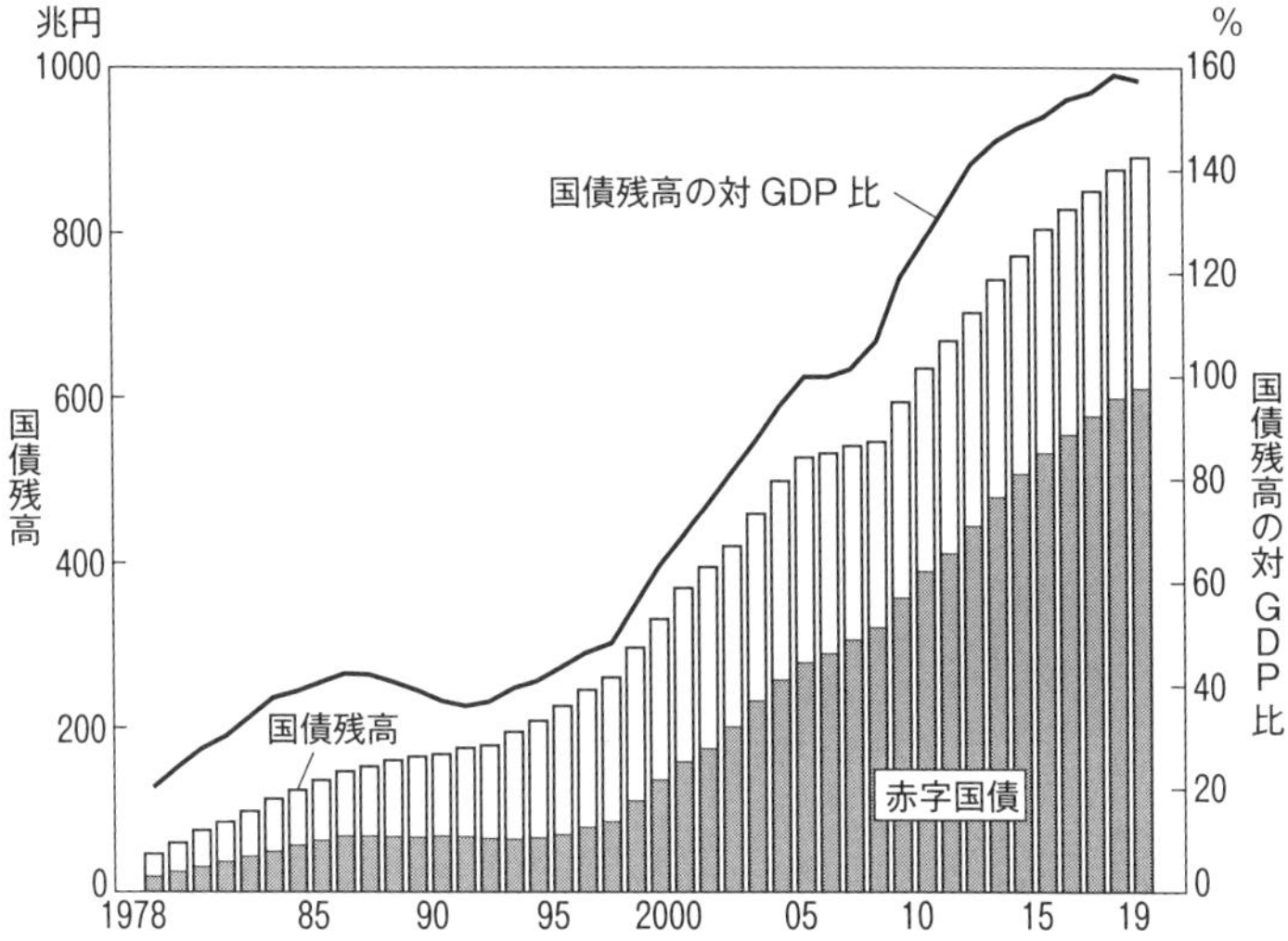

財務省「我が国の財政事情（2019 年 1 月）」による。2018 年度は第 2 次補正後予算案による見込み、2019 年度は予算案による見込み。

図表 2 - 5　国債残高と GDP に対する比率（各年度末現在）
出典：『日本国勢図会 2019 ／ 20』矢野恒太記念会、2019 年

図表 2-6　一般会計国債の推移　（単位：兆円）

	2000	2010	2016	2017	2018	2019
国債発行額	32,6	44,3	34,4	34,3	33,6	32,6
国債残高	367	636	830	853	880	896
国債費	21,9	20,6	23,6	23,5	23,3	23,5
国債費 一般会計比（%）	25,8	22,4	24,4	24,1	23,8 （推定）	23,2 （推定）
国債／ GDP(%)	69,5	127,4	154,0	155,9	160,0	162,9

（注）896 ／ 550（推定）≒ 162,9（国債残高対 GDP 比）
出典：『日本国勢図会 2019 ／ 20』矢野恒太記念会、2019 年

得税や法人税も減税。その一方で消費税導入。
１９８９年度３％、１９９７年度より５％。

・１９９７年度に一度緊縮するが、１９９７年11月山一証券株式会社などの破綻が生じ、その方向を改め、歳出と税収の差が開き、国債発行が急増してきた。

・小泉政権以降景気が徐々に回復。

・しかし２００８年リーマンショックにより、経済が大きく落ちこむ。

・回復途中で２０１１年に東日本大震災が起こり財政が悪化していった。

図表2-7　一般会計の推移　（単位：兆円）

	2014	2015	2016	2017	2018	2019
社会保障費	30	31	31	32	32	34
国債費	23	23	23	23	23	23
防衛費	4	4	5	5	5	5
公共事業	5	5	5	5	5	6
その他	33	33	32	32	32	33
支出計	95	96	96	97	97	101
租税	50	54	57	57	59	62
公債	41	36	34	34	33	32
その他	4	6	5	6	5	7
収入計	95	96	96	97	97	101

出典：『日本国勢図会』矢野恒太記念会、各年度版

・最近の税収は２０１７年度まで約60兆円がピークである。

２０１４年度以降収入支出（当初）を示す（図表２－７）。２０１８年度末の国債残高（予定）８８０兆円。長期債務全体では１１０７兆円に見込まれる。２０１９年度10月消費

税10％予定。

２０１６年度末の国の貸借対照表（一般会計及び特別会計、単位兆円）を示す。通常の企業では倒産である。

国の貸借対照表（2016 年度）

（資産）　　　　（負債）　（単位：兆円）

資産		負債	
有価証券	119	公債	943
有形固定資産	181	公的年金預かり金	118
その他	372	その他	160
	672		1221
	549		

（注）672-1221 ＝△ 549

その他重要な事実を示す。

（高橋財政との比較）

高橋財政では日銀に引き受けさせていた国債の大半を民間金融機関に買い取らせた。日銀が供給した通貨を売りオペによって吸収させた。国債による支出予算により軍備を拡充した。

アベノミクスでは金融機関が買った国債を短期間のうちに日銀が買っている。日銀による借金のごまかしである。２０１９年３月の日銀資産５６４兆円のうち、国債分４７８兆円、その比率は85％にもなり、マネタリーベース、２０１８年末５０４兆円にもなる。

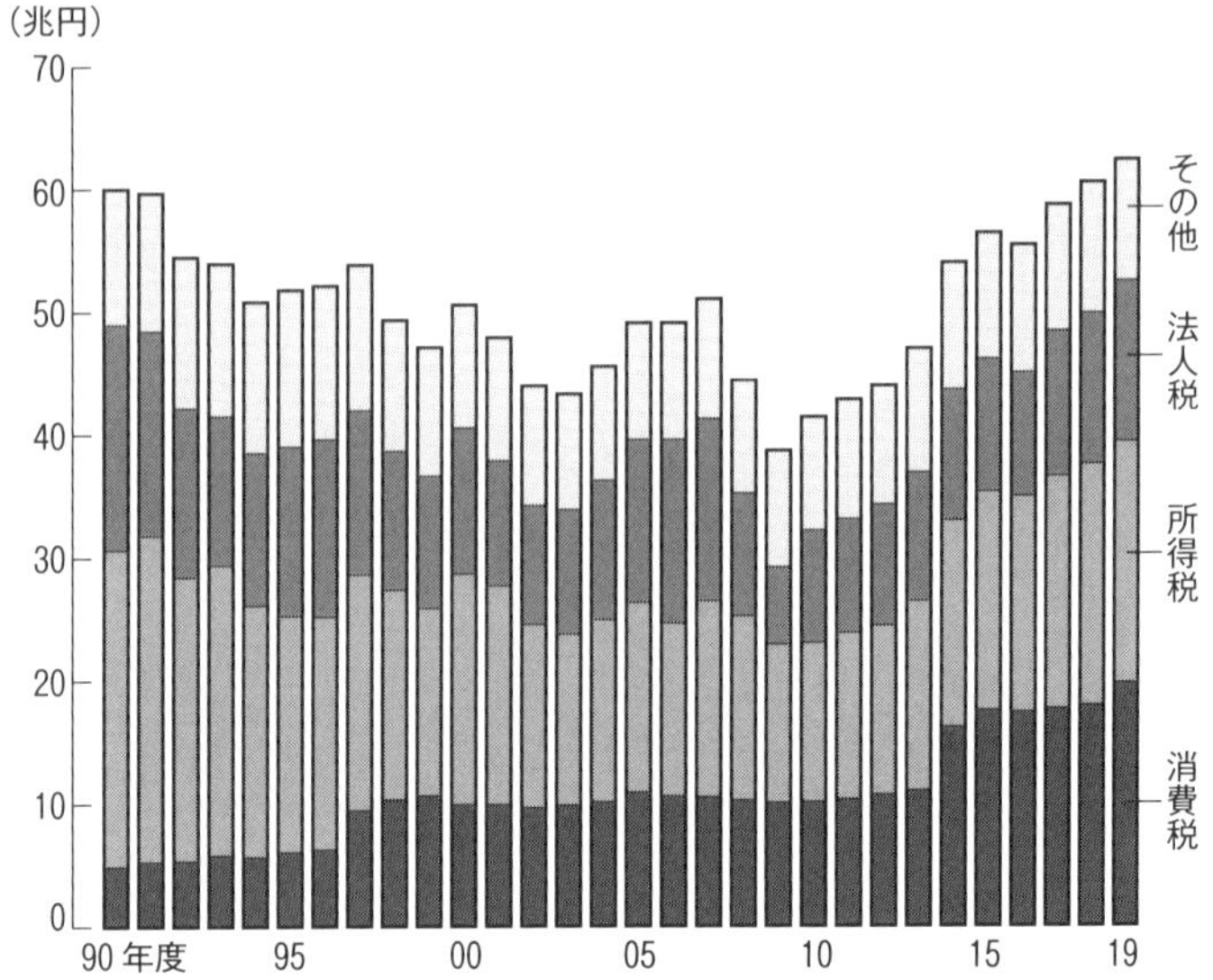

図表 2 - 8　国の税収構造は大きく変わってきた（2019 年度は見込額）
出典：「朝日新聞」2019 年 7 月 15 日

（税収と支出）

主要年度の税収、支出をみる（藤巻健史『日銀破綻』）。

年度	税収	支出
'85	58（兆円）	53（兆円）
'15	56	98
'16	55	97
'17	57	99
比率17／85	1.5（倍）	1.8（倍）

収入に比べて支出がきわだって多い。

その分だけ国債発行額が増えてきた。

主要税収の推移を図（図表2－8）で示す。

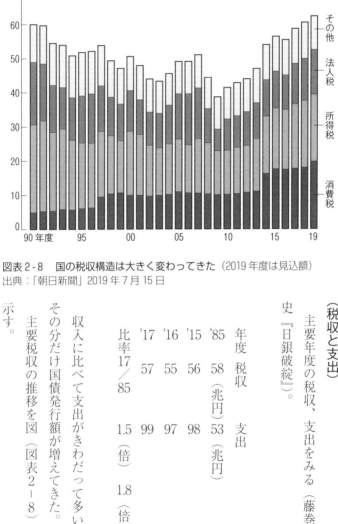

・所得税　収増えていない。'90－26兆円、その後20兆円に及ばない。
・法人税収　増えていない。'90－18兆円その後10兆円ほどである。
・消費税収　増えてきた。3→5→8％と増税されてきた。
・最近の全体税収（1990～2017年度）'90－60兆円が最高である。その後減っている。（ただし、2018年度60兆円）

2　アベノミクス

(1)　異次元金融緩和

日銀のバランスシート中の国債残高をみる。

	国債残高	資産額	比率
2014年12月	190（兆円）	290（兆円）	65（％）
2018年5月	459	541	84

２０１９年３月	４７８	５６４	85

日銀は直接的には国債を購入していないが民間金融機関から国債を買い入れ、市中銀行は資金の用途が少なく、日銀の当座預金に積み上がっている。実質的な通貨造発による国債引き受けである。

日銀が金融緩和を止めると国債価額が下落して金利が上がる。日銀を含む金融機関が大量な損失をこうむる。２０１６年の試算では金利が１％上昇すれば国債の価額が67兆円もき損するという（金子勝『平成経済衰退の本質』）。２０１７年３月末では１％上昇すれば日銀損2.4兆円となる。

２０１６年12月末の国債、短期借入金等の債務１０７５兆円の保有割合をみる。

日　銀	４２０（兆円）	比率39（%）
銀 行 等	２２８	21
生損保等	２０７	19
そ の 他	２２０	21

計　1075　100

このため国債の価額が1％下落したとき日銀、市中銀行等に莫大な損失が生じる。
金は日銀や金融機関の中で死蔵されている。
今後起こるケースを推定する。

・マネタリーベースをさらに増やす。財政規律がさらになくなりバブルが生じる。
・マネタリーベースの増加をやめる。国債価額が下がる。しかし、国の方で認めない。
・物価上昇が2％以上になる。「実質金利＝名目金利－予想物価上昇率」であり、金利を上げざるをえない。国債価額は下がる。
・金利が上がる。所有金融機関に損失が生じる。国債費も急激に増える。

これらの本質的な欠点は財政赤字が巨額であり、その真剣な対策がなく、日銀が紙幣造発により国債を買っていることである。

このごまかしは解決にならない。インフレになれば国民の生活は立ちゆかない。危機の先のばしは解決にならない。
日銀の紙幣は紙きれでそれが通用するのは日銀の信用であり、国債が高額で引き受けされるのは徴税権があり返済されると信用しているからである。信用がなくなれば国民の生活が破壊される。

(2) 機動的財政運営

10年間で200兆円を投資するという。ところが、最近の一般会計の公共事業費をみると'17－5.9、'18－5.9、'19－6.9兆円である。年10兆円はとうてい支弁できない。一方、2016年度の国のB／Sの有形固定資産は181兆円である。

維持管理費(推定)として　181×0・01＝1.8兆円
耐用年数を80年として　181／80≒2.2兆円

合わせて4兆円にもなる。この費用を支弁しないと資産(ダム、水路、港湾、飛行場、道路など)は維持できない。それを支弁しなければ施設が損傷していく。したがって新規の事業は限られる。それだけでなくその財源がない。

２０１１年の東北大震災、今後の南海トラフ、梅雨、台風による氾濫対策などの資金用意もある。それらが国債支弁されれば、その支払が財政再建を困難にする。

いいかえると、その計画は財源を考えないまぼろしの計画である。投資の長期収支も考えられていない。過去の投資でも八ッ場ダム、諫早干拓、静岡空港など実施自体に問題があったものがある。長崎新幹線も疑問が多い。高速道路も収支が悪いものがある。

（3）経済成長政策

消費について賃金の上昇がほとんどなく、非正規雇用が約４割と増えており、人口減少するだけでなく、現役世代人口比率が下がっている。その状勢下で大きな消費増は生じない。高齢者は年金の不安もあり、大きな消費をせず、節約する。具体的に消費額をみる。

'10－２８７、'16－２９９、'17－３０３兆円。大きな伸びがない。

・生産年齢人口減により、生活必需品の需要が落ちている。消費水準指数の推移をみる（図表２－９）。２０１２年頃よりほとんど増えていない。

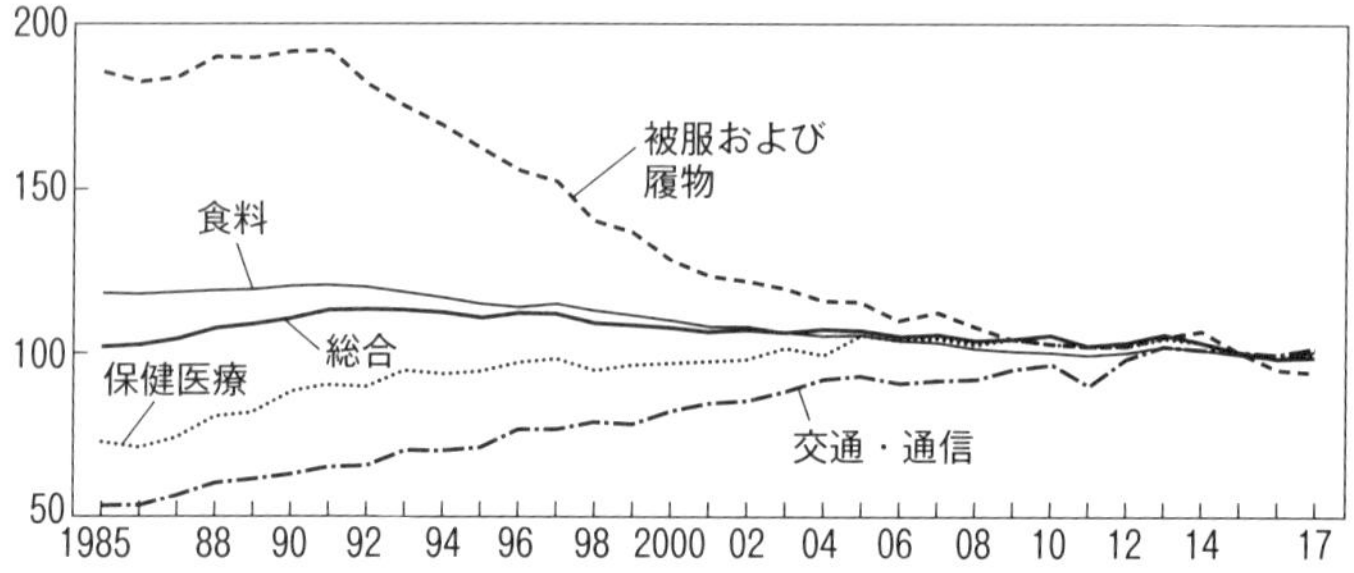

総務省「家計調査報告（家計収支編）」による。消費水準指数（世帯人員及び世帯主の年齢分布調整済）とは、月々の1世帯当たりの世帯人員、世帯主の年齢階級別消費支出額を基準年の世帯分布で加重平均し、30.4日（365日÷12）の額に調整した後、これを消費者文化指数で除して実質化し、2015年平均を基準として指数化したもの。

図表2-9　消費水準指数（2015年＝100）（2人以上の世帯）
出典：『日本国勢図会 2019／20』矢野恒太記念会、2019年

・耐久消費財について、２０１８年の普及率をみる。ルームエアコン91%、カラーテレビ96%、ビデオカメラ38%、パソコン78%、スマートフォン75%、乗用車79%などである。普及率がきわめて高い。大きな消費が期待できない。

・２００３年から５年間に総住宅数は３７０万戸増加している。しかし、空き家率は２００８年13%と高い。２０１３年の調査で総住宅数６、０６３万戸。しかし、空き家は８２０万戸と大きい。その率13%である。住宅について大きな需要が期待できない。人口減と現役世代人口減が作用している。

これらの消費動向に対して有効需要増は公共

投資があるが、すでにみたように大きな投資は財源制約の中でできない。さらに公共投資による乗数効果は民間需要が誘発されないかぎり、その効果は限定的である。

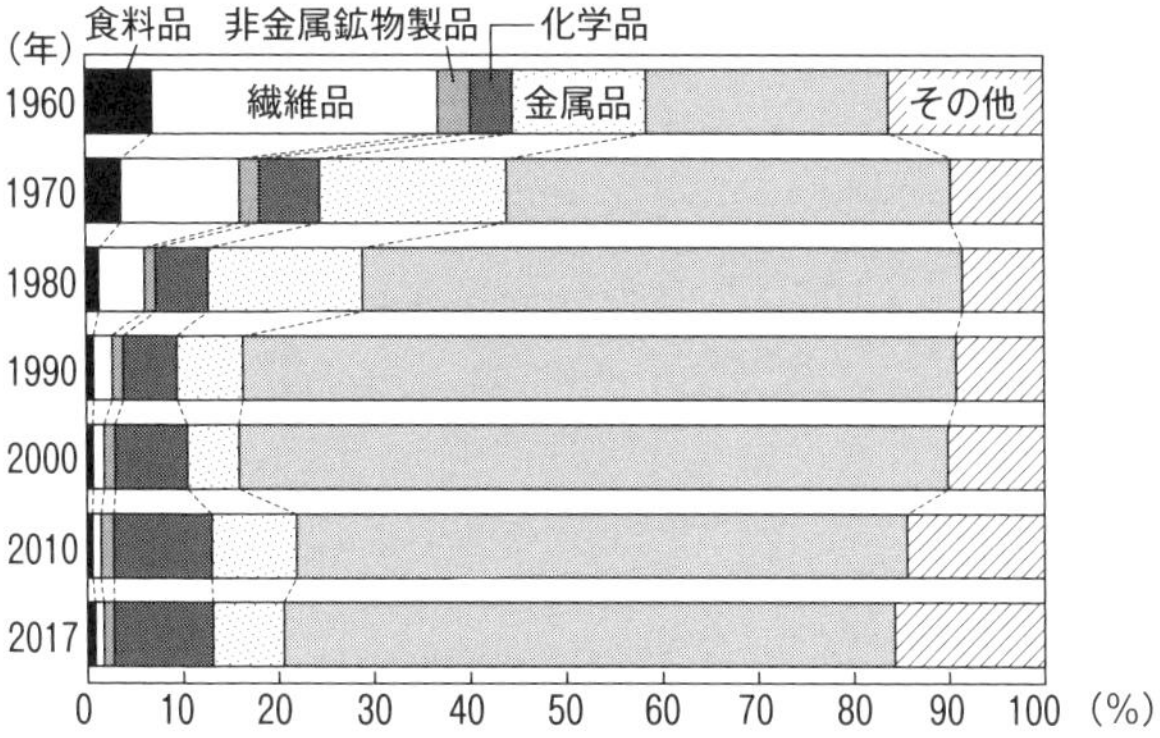

図表 2-10　日本の品目別輸出構造の変化
出典：大守隆『日本経済読本』東洋経済新報社、2019 年

民間投資について財政側の動きで大きく変えることは困難である。イノベーションは民間における独自の技術進歩によるしかない。技術進歩を促す国の源資も不足している。具体的な民間投資を示す。'10－81、'16－98、'17－103兆円。わずかであるが伸びている。

残るのは輸出である。データから最近の輸出入をみる。大きく伸ばすことはできない。

年度	輸出	輸入
'16（兆円）	70（兆円）	66（兆円）
'17	78	75
'18	81	82

（注）２０１９年１月輸入６（兆円）輸出５（兆円）

品目毎の輸出構造（図表２－10）を示す。機械器具のシェアが増えている。自動車、半導体、ＩＴ関連などの増加が望まれる。

３　財政と民間資金

部門毎の資金過不足を示す（図表２－11）。

１９９８年以降企業部門が資金余剰になっている。その理由として企業が債務を返済し、法人税の減税もあり、新規の投資に対して慎重になってきたからである。一方、家計部門の資金余剰の額は減少している。

政府部門は財政支出増、税収の低迷、社会保障費の増大がある。異次元金融緩和では通貨造発→民間金融機関の国債の購入→日銀の国債保有増が生じている。いわば日銀による国債の肩代りである。

２０１８年６月の国債及び国庫短期証券の保有割合をみる（図表２－12）。日銀、銀行、生保、損保、公的年金で賄っている。その中の一つでも国債保有を減らせば国債の価額が下がる。２０１８年において、日銀の国債買い入れについて10年もの国債の応札がないことが7回ほど生じている。金利も低く、国債の買手が少なくなっている。まさに、出口がない。

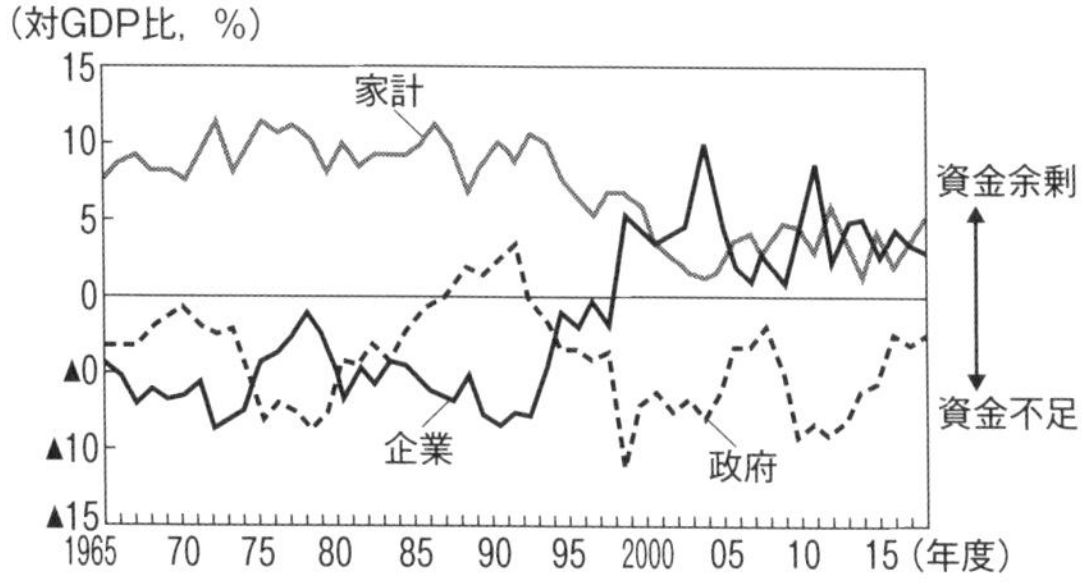

日本銀行「資金循環統計」、内閣府「国民経済計算」より作成

図表 2-11　部門別の資金余剰と資金不足（資金過不足）
出典：大守隆『日本経済読本』東洋経済新報社、2019 年

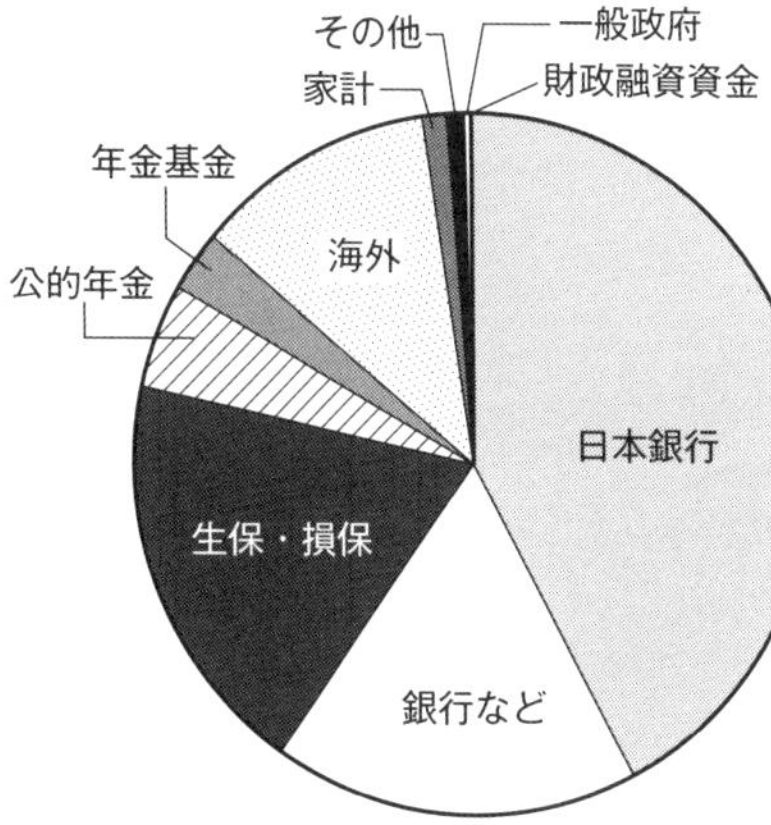

日本銀行「資金循環統計」より

図表 2-12　国債および国庫短期証券の所有主体別割合（2018 年 6 月末）
出 典：金子勝『平成経済衰退の本質』岩波書店、2019年

4 円安、株高

金融緩和により、低金利政策をとり、円安を誘導したとする。しかし、2013年以降財務省の為替介入はない。最近の円対ドル相場を示す。

(年)	(円)
'13	97
'14	105
'15	121
'16	108
'17	110
'18	110

（注）2019年8月初116円ほど

しかし、「年金積立金管理運用」をみると2013年3月末で外国債券、外国株式の計は

27兆円であり2017年3月では54兆円であり、円売りドル買いと変わらない。これが円安を引き起こしていった。伊東光晴「安倍経済政策を全面否定する」より参考表（図表2―13）を示す。

図表 2-13　公的年金の運用内訳　（単位：兆円）

	2013 年 3 月末		2017 年 3 月末		増減
	運用資産	比率	運用資産	比率	
国内債券	74	62（%）	48	33（%）	△ 26
国内株式	18	14	35	24	17
外国債券	12	10	19	14	7
外国株式	15	12	35	24	20
短期資金	1	2	7	5	6
計	120	100	144	100	24

出典：伊藤光晴「安倍経済政策を全面否定する」（『世界』2018 年 5 月号）

さらに日銀の資産をみると、

2013年3月国債保有125兆円、株式所有1.5兆円

2019年3月国債保有478兆円、株式所有24兆円

株価上昇は日銀の株式購入が影響している。

年金の運用をみると株式について2013年3月18兆円、2017年3月では35兆円で17兆円も増えている。

市場の売買を金額ベースでみると60％が非居住者又は海外勢である。株価は非居住者の売買動向による（前掲書）。

まとめると株価の上昇は外国人投資家の買いと年金基金であり、円安は異常な低金利と年金基金による外国債と外国株式の購入が大きな要因である。低金利は通貨造発による。

3章　財政赤字と格差を拡げる税

所得税、法人税、消費税をみて、その課税の不公平さを分析する。三つの税収の推移を示す（図表3－1）。1990―2017年度について所得税1990年－26兆円を最高に減っている。法人税も1990年度の18兆円のあと減っている。消費税が3↓5↓8↓10％（2019年10月予定）と税率が上がり、税収も増えている。一方、歳出の方は増加の

図表3-1　主要税収の推移

（単位：兆円、％）

	1990	2000	2005	2010	2015	2016	2017	2018	2019
所得税	26,0 (43)	18,8 (37)	15,6 (38)	18,0 (43)	16,4 (30)	17,6 (31)	18,9 (32)	19,8 (32)	
法人税	18,4 (30)	11,7 (23)	13,3 (33)	9,0 (21)	11,0 (20)	10,3 (18)	12,0 (20)	12,3 (20)	
消費税	4,6 (7)	9,8 (19)	106 (26)	10,0 (24)	19,1 (35)	17,2 (31)	17,5 (29)	17,7 (29)	
税収計	60,1	50,7	40,1	41,5	54,5	55,4	58,7	60,3	(予算) 62,4

（注）（　）は税収比率（%）

出典：『日本国勢図会』矢野恒太記念会、2018／19、2019／20
伊藤周平『社会保障改革のゆくえを読む』自治体研究社、2015年
「朝日新聞」(2017年2月22日、2018年7月5日、2019年7月3日)

一方で、不足分は国債で賄っている。そこでは財政赤字が増える一方で税が所得格差も拡大している。

1 所得税

(1) 仕組

所得を10種類に分け、それぞれについて計算方法を定めている。そこでの所得と収入として次が挙げられる。

利子所得　収入金額＝所得金額
配当所得　収入金額－（株式などを取得するための借入金の利子）
事業所得　（高工業、農業など事業をしている場合の所得）
　収入金額－必要経費
不動産所得　収入金額－必要経費
給与所得　収入金額－給与所得控除
退職所得　（収入金額－退職所得控除）×1／2

譲渡所得　収入金額－売却した資産の取得費・譲渡費用－特別控除額
山林所得　収入金額－必要経費－特別控除額
一時所得　収入金額－収入を得るために支出した費用－特別控除額
雑所得　（公的年金等）
　収入金額－公的年金控除額
　これ以外、収入金額－必要経費

給与所得の税率として超過累進税率がとられる（２０１５年）。

195万円以下　5％
195万円を超え330万円以下　10％
330万円を超え695万円以下　20％
695万円を超え900万円以下　23％
900万円を超え1800万円以下　33％
1800万円を超え4000万円以下　40％
4000万円超　45％

控除として基礎控除、配偶者控除、配偶者特別控除、扶養控除、障害者控除、寡婦（婦）控除、勤労学生控除がある。

所得税は総合課税が原則であり、その所得として配当所得、不動産所得、事業所得、給与所得、土地建物・株式等以外の譲渡所得、一時所得、雑所得である。分離課税されるものは利子所得、山林所得、退職所得、土地建物株式等の譲渡による譲渡所得がある。

(2) 不公平な税

①給与所得は源泉徴収であるだけでなく、所得額の約9割が把握されている。給与所得は重く課税され、きわめて不公平である。

給与所得　9割把握
事業所得　6割把握
農業所得　4割把握

②税は所得再分配の軸であるべきであるが、現実は逆に格差を拡大している。最近の所得税の税負担率を示す（図表3－2）。その負担率は所得が1億円を超えると急に低くなっ

ている。併せて株式譲渡所得と関連させた所得税負担率をみる（図表3－3）。同じように1億円を超えると負担率が急に下がっている。さらに超過累進税率は給与所得についてのみである。

③税の負担はその担税率を考えて応能負担原則をとり、勤労所得には軽く、金融所得には重い課税と考えられるが、実際は逆になっている。金融所得の実際の負担はきわめて小

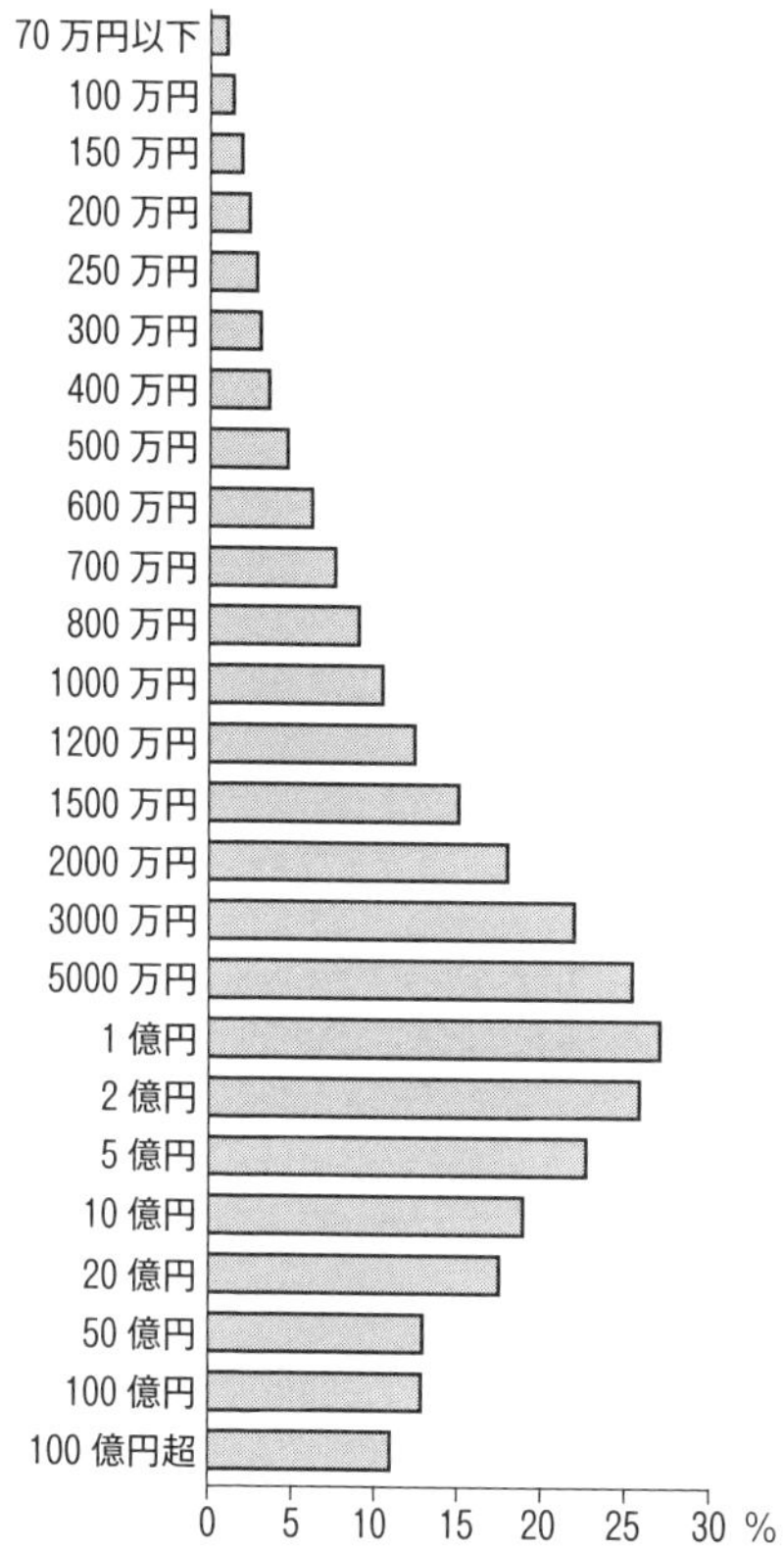

所得税の負担率は、所得1億円を超えると低くなる「朝日新聞」2015年3月26日

図表3-2　所得税負担率（2013年分）
出典：浦野広明『税が拡げる格差と貧困』あけび書房、2016年

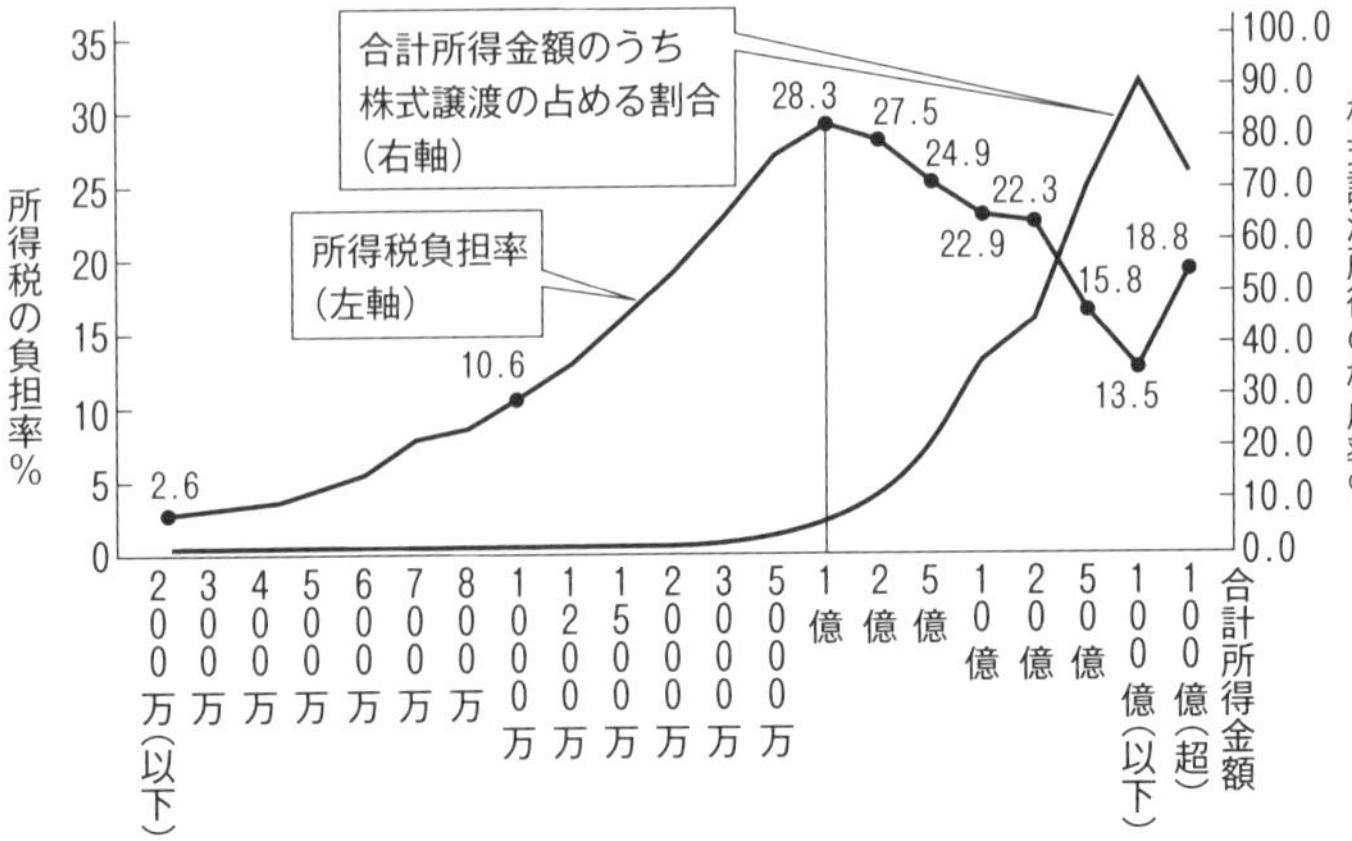

税務省資料・国税庁「平成20年分申告所得課税標本調査結果」より作成

図表3-3　申告納税者の所得税負担率（2008年分）
出典：富岡幸雄『税金を払わない巨大企業』文藝春秋、2014年

さい。

株の売却や配当益について税率20%であり、中には巨額な売却益や配当益があるにもかかわらず、一律の20%である。その配当所得の推移（図表3－4）を示す。巨額配当でも2割負担で

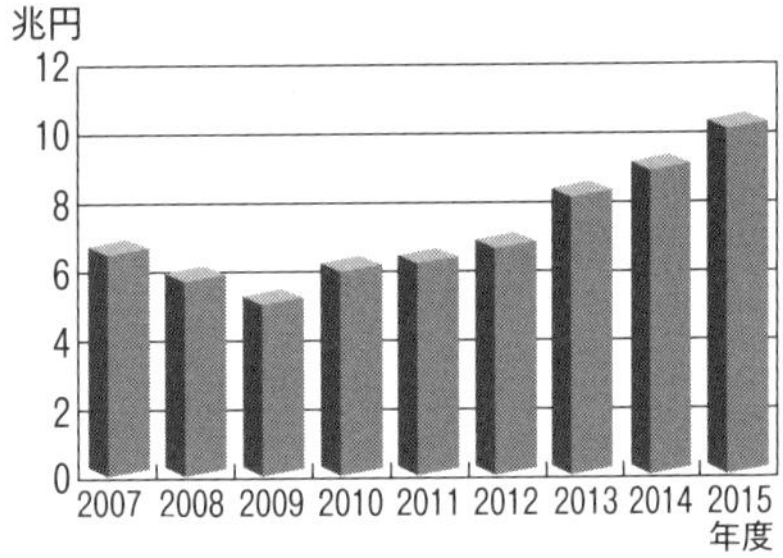

（注）全上場企業が対象。2015年度は日経予想
「日本経済新聞」2016年2月17日

図表3-4　配当総額は6年連続で増える
出典：浦野広明『税が拡げる格差と貧困』あけび書房、2016年

図表 3- 5　所得税の税率推移

1989		1999		2007		2015	
税率（%）	所得階級（万円）	税率（%）	所得階級（万円）	税率（%）	所得階級（万円）	税率（%）	所得階級（万円）
				5	195（万円以下）	5	195
10	300	10	330	10	330		
20	600	20	900	20	695	20	695
				23	900	23	900
		30	1800				
				33	1800		
		37	1800 ～				
40	2000			40	1800 ～	40	4000
						45	4000 ～
50	2000 ～						
刻み数 5		4		6		7	

（注）2000 ～は 2000 万円を超える所得、以下同様
出典：吉沢浩二郎『図説日本の税制』財経詳報社、2018 年

ある。
ニーサは少額投資非課税であり年10
0万円ほどの投資について数年間非課
税になる。一部の人を優遇することに
なる。

④所得税の税率負担の推移を示す（図表
3－5）。
1999年　最高税率50↓37%に引き
下げ。税の刻みも4段階
2007年　5%から40%であり、刻
みは6段階
2015年　最高税率45%に引き上げ
最高税率の推移をみると1974年75
%であるがその後下がり、70↓60↓50↓

37→40→45％とされる。一部課税増もあるが、全体的には高額所得者について税負担を軽くしている。きちんとした超過累進税率にすべきである。

⑤給与所得控除は次である。これが適正なものであるか問題である。

2018年における控除率として　（最低65万円）

180万円以下の部分　40％
360万円以下の部分　30％
660万円以下の部分　20％
1000万円以下の部分　10％
1000万円超の部分　0％
（最高220万円）

2 法人税

(1) 仕組

税法上の法人については各種あり、内国法人について次のようになる。はじめに仕組のあらましを示す（図表3－6）。

公共法人……納税義務なし

公益法人等……収益事業からの所得に対して低率課税

協同組合等……すべての所得に対して低率課税

人格のない社団等……収益事業からの所得に対して普通税率

普通法人……すべての所得に対して普通課税

課税標準として（収益をベースにした益金）－（費用をベースにした損金）

これに法人税率を掛ける。普通法人について2018年における大法人について23・2%。

法人税の税率（2015年）を別紙（図表3－7）に記す。

図表3-6　法人税の仕組み（あらまし）

・課税対象額＝益金－損金
　益金……企業の収益をベースに益金算入額を加算、益金不算入額を減算
　損金……費用をベースに損金算入額を加算、損金不算入額を減算
・税額＝（益金－損金）×法人税率－税額控除額
　法人税率は普通法人の場合23.2％（2018年）

・益金不算入
　受取配当金等の益金は不算入
　資産の評価益の益金不算入
　還付金等の益金不算入

・益金算入
　法人税額から控除する外国子会社の外国税額の益金算入
　国内法人に係る特定外国子会社等の留保金額の益金不算入

・損金不算入
　減価償却超過額の損金不算入
　益産の評価損の損金不算入
　特定の役員給与、過大な使用人給与等の損金不算入
　交際費等の損金不算入

・損金算入
　各種当別償却額の損金算入
　繰越欠損金の損金算入
　各種準備金の損金算入

・税額控除……租税特別措置法により算出した税額から控除する試験研究や投資促進からなされる
・引当金、準備金……将来発生する費用や損失に備えて費用化しうる
・資本等取引は課税されない　例：株式払込剰余金

（普通法人の税率）

'98－34・5％、'99－30％、'10－30％、'12－25・5％、'15－23・7％、'16－23・4％、'17－23・2％。全体的に下がっている。

（税額控除）

算出した税額から直接引く。

・二重課税をなくす目的として所得税額控除・外国税額控除

・産業育成等の目的として雇用促進税制、環境関連投資促進、研究開発促進

図表 3- 7　法人税の税率　（2015 年 4 月 1 日以降）

法人の種類	所得金額の区分	原則	中小企業の特例
普通法人	中小法人　年 800 万円以下の金額	19%	15%
	年 800 万円超の金額	23.9%	―
	大　法人　所得金額	23.9%	―
協同組合等	年 800 万円以下の金額	19%	15%
	年 800 万円超の金額	19%	15%
	特定の協同組合等の 10 億円超	22%	―
公益法人	年 800 万円以下の金額	19%	15%
	年 800 万円超の金額	19%	19%
特定の医療法人	年 800 万円以下の金額	19%	15%
	年 800 万円超の金額	19%	19%
人格のない社団	年 800 万円以下の金額	19%	15%
	年 800 万円超の金額	23,9%	23,9%

出典：村田克也『税金のしくみ』三修社、2015 年

（減価償却）

建物、機械及び装置等（有形、無形、主物）があり、取得価額をその使用される年度にわたって費用配分する。金額がきわめて大きく損金額に大きく影響する。定額法、定率法、生産高比例法がある。詳細な規定がある。その方法が大きく課税対象額を減らす。

（引当金、準備金）

事業において発生する又は発生する見込みのある費用や損失のために行う。企業会計上では多くの引当金が認められている。

法人税法によるものとして、次がある。

・貸倒引当金…売掛金、貸付金等において貸倒

れにより見込まれる損失

・返品調整引当金…出版業、医薬品製造業で買戻により見込まれる損失

租税特別措置法によるものとして、次がある。

・特別修繕準備金…周期的に修繕するもので特別の修繕に充てられるもの

・海外投資等損失準備金…一定の法人の株式等を取得した場合、その株式の価格の低落に備えるためのもの

(2) 財政赤字と格差を拡げる税

税金について憲法第14条の平等原則から基本的考え方は応益負担でなく応能負担である。この視点から法人税をみると、一定率であるだけでなく、財政赤字にかかわらず、その税率を低め、収益を少なくし、損失を多くする措置がきわめて多い。その問題点をみていく。

①中小企業の7割が赤字で、資本金1億円以上の企業の5割が赤字で、大半の法人は法人税を負担していない。

②法人税率を下げてきた。国が赤字にかかわらず、1998年34・5%であるが、2018年23・2%と下げてきた。具体的推移（図表3－8）を示す。

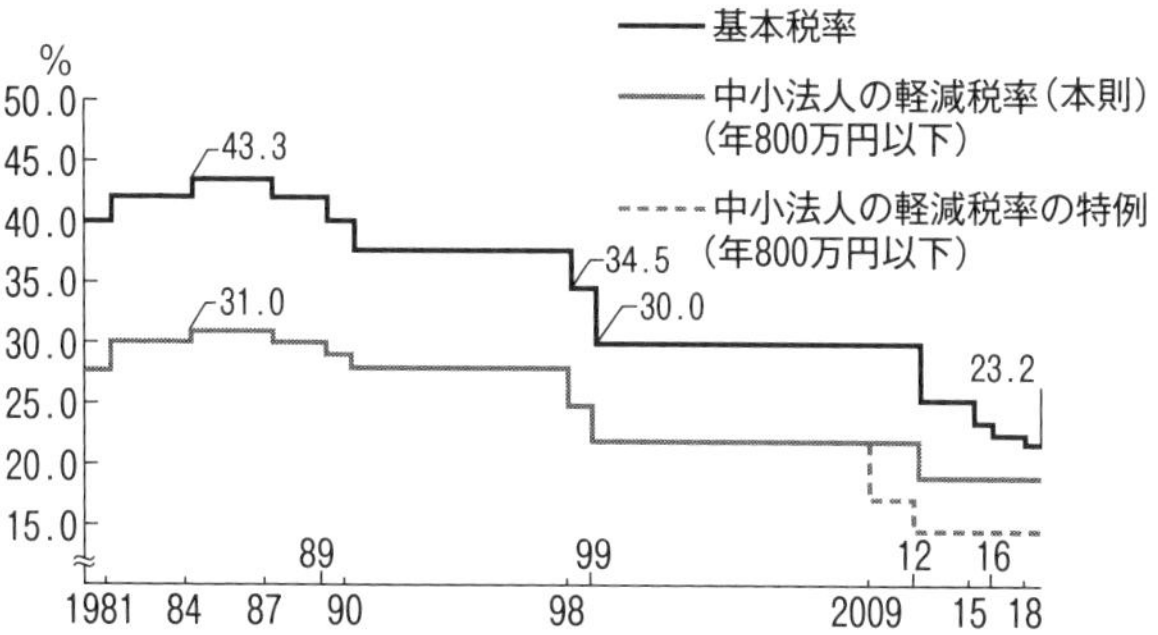

（注）和暦を西暦に修正。資料：財務省ホームページ「法人課税に関する基本的な資料」

図表3-8　法人税率の推移
出典：明石順平『データが語る日本財政の未来』集英社インターナショナル、2019年

さらに2012年度の実行税率について分析されている（富岡常雄『税金を払わない大企業』）。法人税には地方の分を含めると国の法人税、地方の法人地方税、法人事業税があるが、そのうちの国の法人税率（2012年度25・2%）について資本金が5億円を超えると、実行負担率は急に下がっている（図表3－9）。その税について各種の特別措置を利用するためである。

③受取配当益金不算入

会社の受け取る配当について益金としない。

その理由として個人株主には配当として渡り

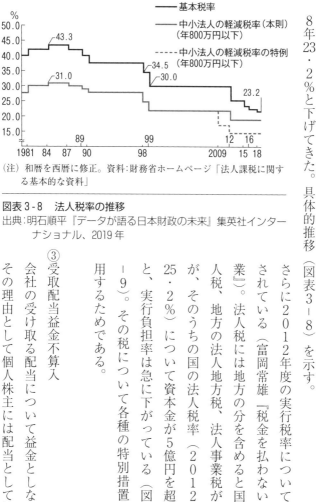

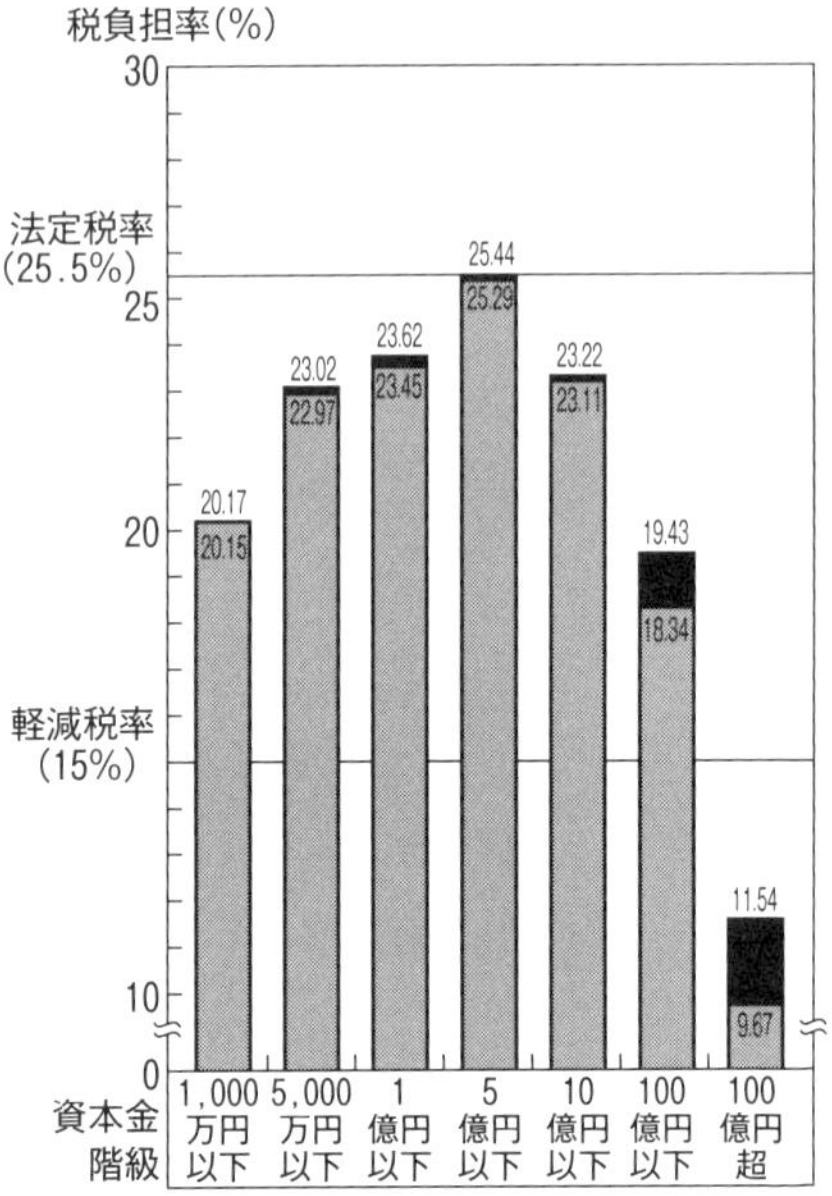

（注）■部分は「外国税額」相当分を示す。

図表3-9　資本金階級別法人税平均実効負担率（2012年度分）

出典：富岡常雄『税金を払わない大企業』文藝春秋、2014年

そこで配当所得として課税されるからとする。益金不算入の考え方から一定額が課税対象からはずされる。同様なものとして資産の評価益の益金不算入がある。

④引当金は費用の支出がなされないにもかかわらず、将来の損失があるからとして費用とすることが多い。準備金についても費用性が少ないものがある。

貸倒引当金、返品調整引当金、特別修繕準備金があてはまる。法人の損失が過大に算定される。

⑤交際費の損金算入

税務上からは損金が制限されているが、しかし企業を優遇するものである。大企業の場合、飲食のための支出の50％のみが損金に算入でき、その他は損金不算入である。資本金1億円以下の中小企業で飲食の費用の50％あるいは年間800万円まで損金算入できる。

⑥特別償却、割増し償却

通常の償却より大きな償却を早期にして、損失を大きくして税を減らす。

⑦法人税額の特別控除

次のような控除があり、法人税額を直接的に減らす（浦野広明『税が拡げる格差と貧困』第2章）。

・源泉徴収された預貯金、公社債の利子又は配当などに係る所得税の控除
・外国税額の控除。海外支店などの所得について納付された外国税額を法人税から控除
・試験研究をした場合の法人税額の特別控除。新製品、新技術の研究にかかった材料費、人件費の一定額の控除
・エネルギー需要構造改革推進設備等の取得に係る特別控除

⑧株式払込剰余金

株式の発行額の50%を超えない額は資本金に組み入れなくてよい。この場合、資本金に組み入れない部分は払込剰余金として資本等取引となるから益金にあたらないとする。

⑨法人税の比例税率

応能負担原則をとるなら、法人税についても累進税率をとるべきである。アメリカの場合、7段階であり税率が異なる。

⑩欠損金の繰越控除

企業の赤字を翌期以降に繰り越して、翌期以降の黒字を減らすことができる。繰越期間は7年であり、大銀行が利用してきた。法人税は年度毎の決算が原則であり、それに反する。結果的に長期間にわたって課税対象額を減らすことができる。

さらに法人税の経常利益をみると、'15－68兆円、'16－14兆円、'17－83兆円と巨額であり、これに伴ない法人企業の内部留保として2016年度において406兆円と巨額である。

その配分先として役員報酬がきわめて高い。大企業の場合、1億円を超えている人が多い。加えて株式の配当が増えている。一部の人を優遇する。

この一方で賃金指数をみる（'15＝100とする）。

年度	名目	実質
'15	100・0	100・0
'16	100・7	100・8
'17	101・1	100・6
'18	102・5	100・8

ほんのわずかしか上がっていない。賃金改定率もほとんど上がっていない。会社の収益がまず役員報酬、次に配当金となり、格差を拡げる。

3　消費税

(1) 仕組

その基本的仕組として原則的には次のようになる。

(売り上げにより預かった税額)

－

(収入等により支払った税額)

＝

納付税額

これを図表(図表3－10)で示す。

簡易課税方式では「事業者の支払う消費税」は「売り上げに含まれる消費税」にみなし仕入率を掛けて算定される。基準期間における課税売り上げ高が5、000万円以下である事業者に対して選択により適用される。その仕入率の例として、卸売業の場合90％、小売業80％、製造業70％である。

例として、売り上げに含まれる消費税２０００万円×０・０８、仕入率90％とすると次のようになる。

２、０００×０・０８×０・９＝１４４万円

２、０００×０・０８－１４４＝16万円（支払消費税）

納税事業者について前々年度の課税売上高が１０００万円以下の場合、納税義務が免除される。

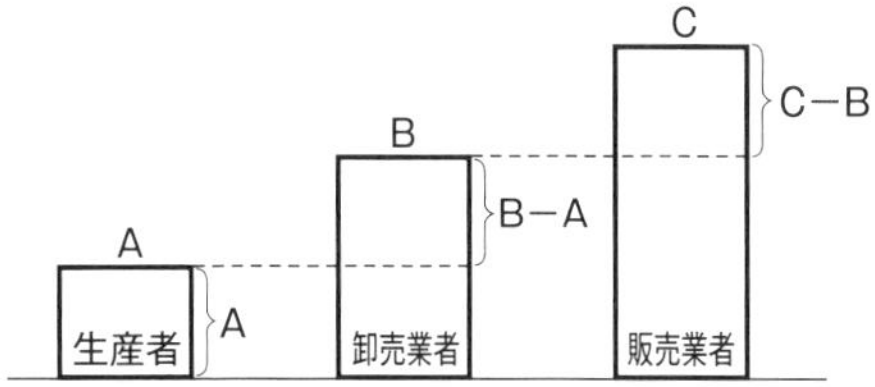

生産者が納付する消費税　A
卸売業者が納付する消費税　B-A
販売業者が納付する消費税　C-B
納付される消費税の合計＝ A+(B-A)+(C-B)
＝C
＝最終消費者が負担する消費税

図表３-10　消費税のしくみ
出典：村田克也『税金のしくみ』三修社、2015年

課税対象は国内において、事業者が事業として対価を得て行うこと、資産譲渡等であるが、この条件にあてはまらないと不課税になる。この例として国外取引、賃金、給与の支払、試供品の配布、寄附などがある。

非課税取引として、課税になじまないものとして、土地の譲渡貸付、有価証券の譲渡、金融取引、切手などの譲渡、行政手数料などがある。社会政策的配慮として診療報酬、埋葬料などがある。

図表 3-11　年間収入階級別の消費税推定額　（収入消費共に 2018 年）

上段　収入 下段　消費支出		年間収入	年間消費支出	消費税	消費税／年間収入
Ⅰ	31,5（万円） 23,3	378（万円）	279（万円）	22（万円）	5.8(%)
Ⅱ	42,7 25,9	512	310	24	4.6
Ⅲ	51,3 30,5	615	366	29	4.7
Ⅳ	63,5 34,4	762	412	32	4.1
Ⅴ	90,4 43,5	1084	522	41	3.7

（注１）２人以上勤労者世帯
（注２）消費税額＝消費支出 ×0,08
『日本国勢図会 2019 ／ 20』（矢野恒太記念会、2019 年）より作成

（２）逆進的で不公平な税

①逆進的な税となり、所得再分配機能を弱めるだけでなく、所得格差を拡める。

年間収入階級別と消費支出額により８％の消費税について消費税と所得額との比率をみる（図表３－11）。所得の低い階級ほどその負担率が高い。年間収入３７８万円以下の人にとってはさらに重い負担となる。その一般的な税負担率（図表３－12）を示す。

この理由として、次があげられる。

・低所得者ほど食料品、生活必需品など減らすことのできない消費割合が高い。

・高所得者にとって消費税により一部の消費を減らしても、生活に大きな支障が生じない。

②消費者が支払った消費税が納付されないケースがある。課税売り上げが年1000万円以下の場合、免税事業者となりうる。

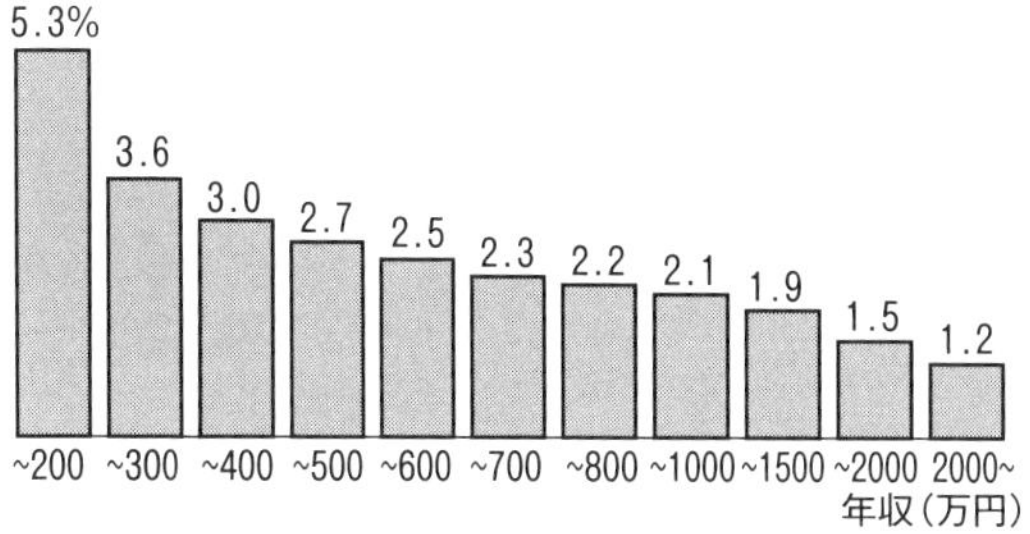

総務省「全国消費実態調査」（2009年）の勤労者世帯データによる。消費税負担額の年収に対する割合。
※最下層で負担率5％を超えてしまうのは、貯蓄を取り崩して年収以上に消費しているためである。

図表3-12　消費税の逆進性
出典：垣内亮『消費税が日本をダメにする』新日本出版社、2012年

③消費税法では税の納税義務者は事業者とされるが、税を負担する者（提供者）の規定がない。又、消費税分の価格への転嫁を事業者に義務づけした規定もない（伊藤周平『社会保障改革のゆくえを読む』第1章）。このため競争力や力関係で劣位の事業者は価格に転嫁できず、自腹を切って納付しなければならない。

④課税仕入れについて正規雇用者は給与であり、非課税であるが、この人件費を外注費にすれば課税仕入れとなり、消費税の負担は小さく

なる。このため、職員を外注費として扱うようになる。これは非正規雇用の拡大となりやすい。

⑤消費税の輸出還付金として輸出大企業に大きな恩恵を与える。

「事業者が国内においての課税資産の譲渡等のうち『本邦から輸出して行われる資産の譲渡又は貸付』については消費税を免除する」（第7条1項）。これを輸出免除という。これが自動車、電機などの輸出産業に法外な利益を与えている。それは輸出売り上げの消費税率は8％でなくゼロだからである。12年度の輸出主要企業の還付金が1兆円にもなるという（浦野広明『税が拡げる格差と貧困』第6章）。1％で2.5兆円の税収とすると1／2.5＝0.4にもなる。その消費税の負担者は一般の消費者である。

⑥社会保険診療の費用は非課税扱いである。このため、医療機関は患者からは消費税を受け取れず、一方医療機器の購入などは課税であり、医療機関が負担することになる。実質的に消費税が増税として作用する。

⑦消費税は直接的に物価を上昇させる。

このため国全体の消費が削減され、経済成長が阻害される。２０１４年度の増税直前の各世帯の消費支出額は図（図表３－13）のように３６９万円であったが、増税後の２０１７年度でみると３３５万円に減っている。その率として（３６９－３３５万円）／３６９万円≒９％にもなる。これは全体の消費額にも影響し、直前では３０５兆円であったが、２０１８年では３０１兆円に減っている。

つまり物価を上昇させ、消費を減らすように作用する。さらに消費税を社会保障財源とすると、次のような弊害がある。

・社会保障の大きな目的は所得再配分であるのに、消費税は逆進的であり、格差を拡げる。

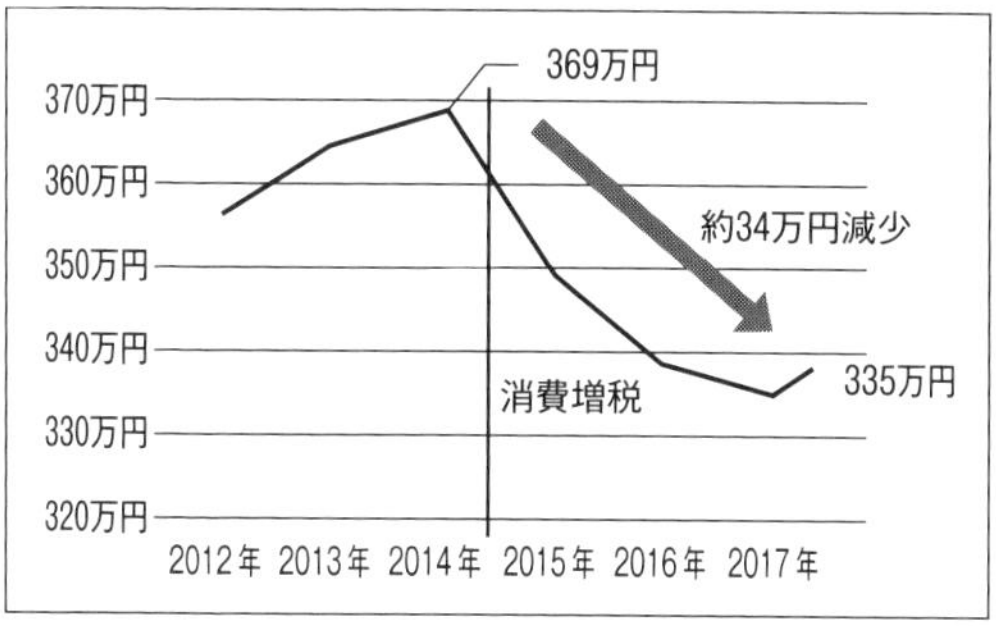

総務省統計「一世帯一カ月間の支出（２人以上の世帯）」の各年の「１月」の名目消費支出総額を、同月の消費者物価指数（2017 年１月基準）を用いて求めた実質値に基づいて 12 カ月分の消費に調整した数値。

図表 3-13　消費増税前後の、各世帯の消費支出額の推移
出典：藤井聡『「10%消費税」が日本経済を破壊する』晶文社、2018 年

・消費を直接的に減らし、成長を低め、税収全体を減らす。
・益税や輸出免税など一部の企業を優遇する。そこでは税が格差を拡げる。

4章　社会保障財源不足

1　社会保障費の急増

最近の社会保障給付費の推移を示す（図表4－1）。全体費用が急増している。併せて一般会計（当初予算）の社会保障費の推移を示す。同じように急増している。

'15－31、'16－31、'17－32、'18－32、'19－34兆円。全体予算との比率も'18－33％、'19－33％と大きい割合を占める。

図表4-1　社会保障給付費の推移（会計年度）　（単位：兆円）

	1990	2000	2010	2015	2016	2016/10
医療	18	26	33	38	38	1,15
年金	23	40	52	54	54	1,03
福祉その他	5	11	19	23	24	1,26
うち介護対策	–	3	7	9	9	1,28
計	47	78	105	115	116	1,10

（注1）計は端数処理のため一致しない
（注2）直接給付された費用の総額を示す
出典：『日本国勢図会 2019 ／ 20』矢野恒太記念会、2019年

個別の事情をみる。

（年金）

年度	年金適用者	国民年金受給者	厚生年金受給者	年金給付
'10	68（百万人）	28（百万人）	33（百万人）	52（兆円）
'13	67	31	36	54
'14	67	32	37	54
'15	67	33	38	54
'16	–	33	38	54

年金適用者が減り、年金受給者が増え、年金給付額が大きく増えている。

（国民医療費）

年	適用者数	うち後期高齢者	医療費	国民一人あたり
'10	112（百万人）	14（百万人）	37（百万人）	292（千円）

'13	110	15	40	314
'14	110	15	40	321
'15	108	15	42	333
'16	−	16	42	332

全体医療費が増えるだけでなく、その中での後期高齢者の適用者が増えている。

（介護関係）

年	認定者数（万人）	介護対策費（兆円）
'10	485	7.5
'15	606	9.4
'16	620	9.6
'17	632	−
'18	641	−

人数、費用とも急増している。

将来の社会保障費について65歳以上の分が大きな割合を占める。全体費用について２０１８年５月に経済財政諮問会議が２０１８年度１２１兆円、２０４０年度１８８兆円～１９０兆円になるとした。約1.5倍にもなる。参考図（図表４－２）を示す。

２　年金

(1) 仕組

公的年金は図（図表４－３）のように三階建てになっている。一階部分は国民共通の国民年金（基礎年金）であり、二階部分は被用者（サラリーマンなど）が加入する厚生年金であり、その上に三階部分の企業年金や個人年金（確定拠出年金）がある。この共通部分の国民年金には20歳～59歳まで

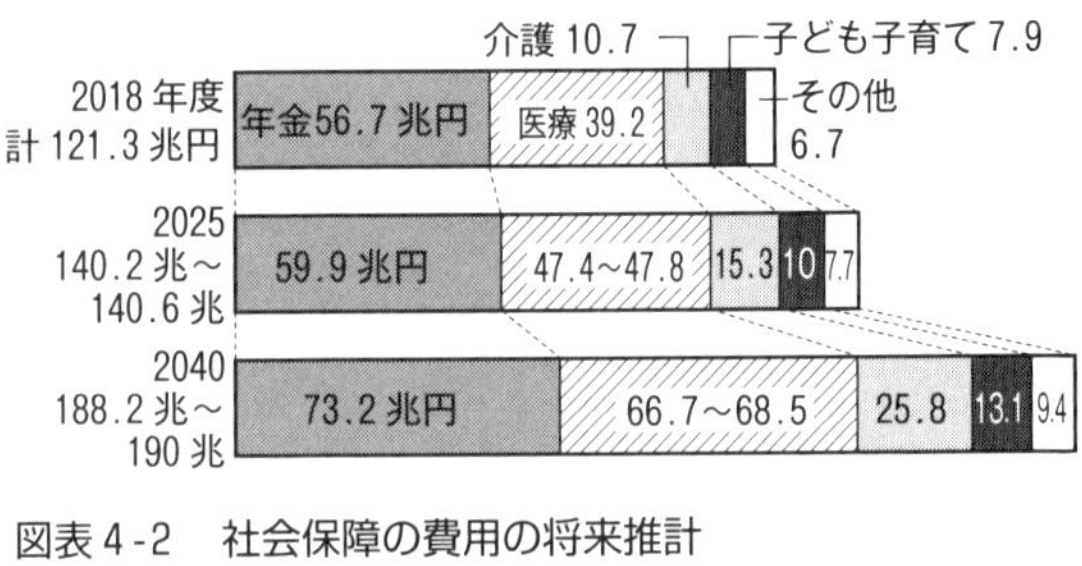

図表 4-2　社会保障の費用の将来推計
出典：「朝日新聞」2018 年 5 月 22 日

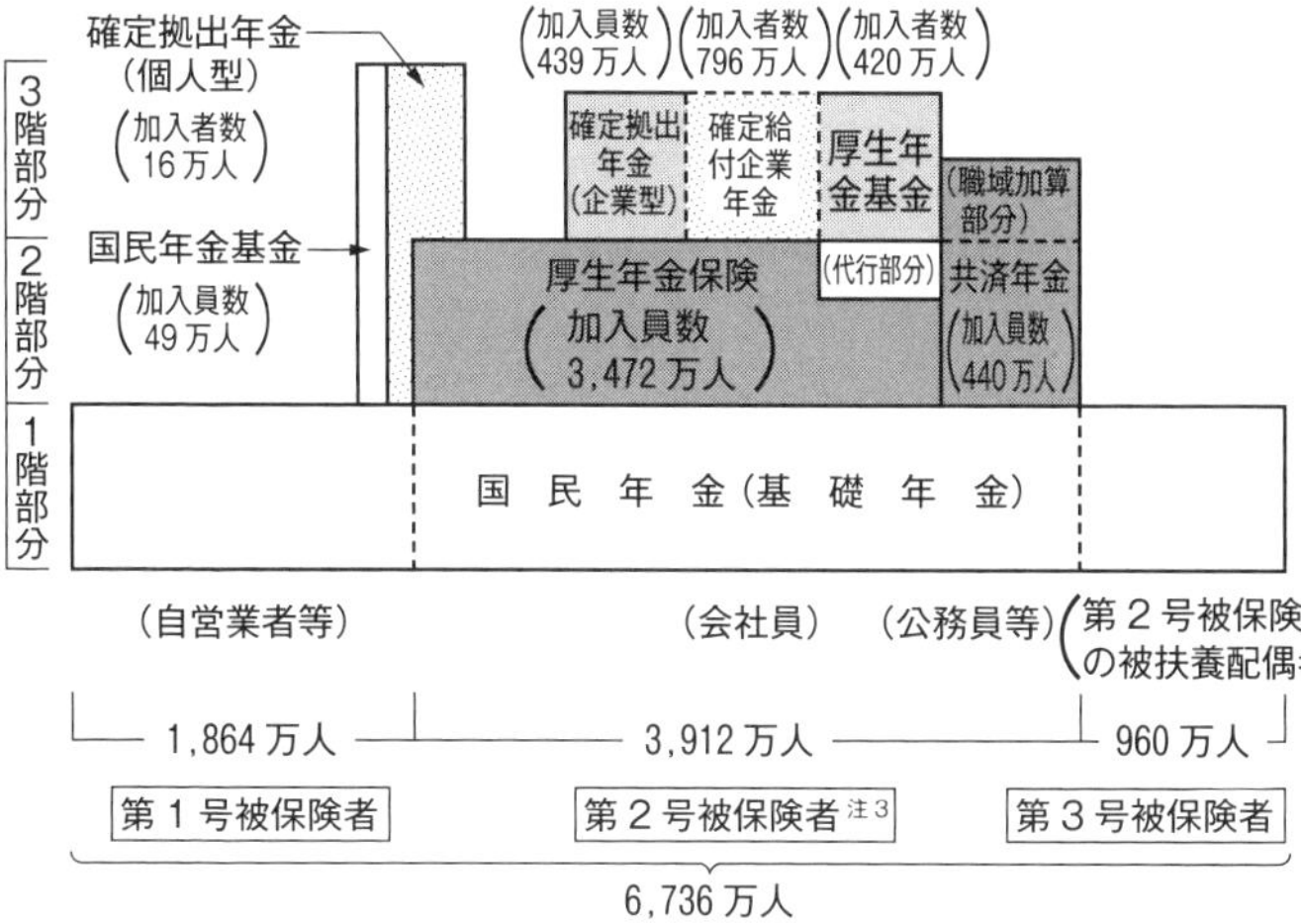

『厚生労働白書』2014年版より

注1：厚生年金基金、確定給付企業年金および私学共済年金の加入者は、確定拠出年金（企業型）にも加入できる。

注2：国民年金基金の加入員は、確定拠出年金（個人型）にも加入できる。

注3：第2号被保険者等とは、被用者年金被保険者のことをいう（第2号被保険者のほか、65歳以上で老齢、または、退職を支給事由とする年金給付の受給権を有する者を含む）

図表4-3　年金の構造（2013年3月末）
出典：駒村康平『日本の年金』岩波書店、2014年

の人が入ることが義務づけられている。

第一号被保険者はサラリーマンとその被扶養配偶者でない人、自営業者、仕事についていない人、非正規労働者などであり、国民年金保険料を自分で支払う必要がある。その保険料は１６、２６０円（２０１６年４月）であり保険料は２０１７年度まで毎年引き上げられる。一定以下の収入の人は保険料が免除されることがある。

サラリーマン、公務員は第二号保険者となり、基礎年金の保険料は厚生年金と合算して徴収される。厚生年金の保険料は17・828％（2016年4月）であり、これを労使折半して8・914％と半分ずつ負担する。

一方、サラリーマン、公務員に扶養されている配偶は「国民年金第三号被保険者」となる。その保険料はサラリーマン、公務員の厚生年金保険料と合算して徴収されるので自分からは払わない。三号保険者の条件は第二号保険者に扶養される配偶者であること。年収は原則130万円未満、パートなどで働く場合は正社員の労働時間の3／4未満であり、第二号被保険者収入の1／2未満であること。そのほとんどが専業主婦である。

基礎年金には老齢基礎年金、遺族基礎年金、障害者基礎年金がある。このうちの老齢基礎年金は65歳以上であることが条件である。受給資格期間は25年以上、2015年度からは10年まで短縮される。

1985年の年金改革では職業別に分かれていた年金制度の一部を統合して基礎年金を作った。このときの各年金との資金のやりとりとして必要な基礎年金の拠出がなされるが基礎年金の総額を各保険に加入する被保険者の人数の比例配分とする。拠出金単価は15000円ほどである。

（2）厚生年金の給付と負担

厚生年金は原則として常時5人以上の従業員を使用するすべての法人に適用される。

保険料は賃金、残業代、通勤手当、ボーナスの合計である総報酬×17・828％として労使折半を基本とする。支給開始年齢は2000年から65歳とする。

年金額は原則として現役世代の平均総報酬額と加入月数に比例する。このとき標準報酬額は再評価されて決定される。

標準比例年金＝再評価後の平均標準額×0・548×加入月数（2003年4月以降加入分）

（例）給付乗率は1％×加入年数であったが、1985年改革され、1946年4月2日以降の生まれの人は0・548×加入年数となり、2040年加入すると0・548×40≒22％

モデル世代の年金はこれに基礎年金が加算され、月21万円ほどになる。

（マクロ所得代替率）

現役世代と高齢世代との所得比の目安であり、世代間の公平性を示す。60%ほどに下げられた。
2004年の年金改革で「マクロ経済スライド」をとり、所得代替率を16～17%下げた。つまり、マクロ所得代替率をとると、現役世代の保険料の増加となるので、保険料率を18・3%に固定し、高齢化の上昇分だけ年金のスライド率を下げることにした。

（年金収支の考え方）

完全賦課方式での年金収支を単年度で年金残高がないものとして、その収支の考え方をみる。

支出＝平均年金額×年金受給者数

収入＝平均賃金額×保険料率×現役労働者数

この二つの式から長期収支が安定化するためには、

平均賃金×保険料率×現役労働者数≧平均年金額×年金受給者数

となる。2004年の改革では保険料率を18・3％に固定させて、年金収支を安定化させるとしたので、

$$18.3\% \geqq \frac{\text{平均年金額}}{\text{平均賃金額}} \times \frac{\text{年金の受給者数}}{\text{現役労働者数}}$$

となる。ここで「平均年金額／平均賃金額」は所得代替率と近似している。また「年金受給者数／現役労働者数」は高齢化率といえ、長期的には高齢化と現役労働者減少に連動し、人口は出生率が大きな要因である。

2004年の年金改革では年金水準を維持するという従来の発想を変えて保険料率を18・3％で2017年度以降固定し、「年金受給者数／現役労働者数」の変化率、すなわち年金受給者数の増加率、現役労働者数の減少分だけ所得代替率を下げること、つまり「マクロ経済スライド」を実施した（駒村康平『日本の年金』第Ⅱ章）。

2004年の年金改革とし、次が挙げられる。

・保険料率を２０１７年度まで引き上げ、以降固定。
・マクロ経済スライドにより65歳時点での所得代替率を引き下げ、50％を下限とする。
・おおむね１００年後においても、年金給付費1年分の積立金を残す。
・５年以内に年金財政を検証する。
・基礎年金の国庫負担率を１／２にする。

次の問題がある。

・賃金上昇率が小さい又はマイナスの時、収支が不安定化する。
・現役の労働者が減り、厚生年金加入者が減少するとき。現在生じている問題である。
・高齢化により年金受給者が増える。現在起こっており、将来さらに増える。人口予測図から明らかである。
・労働者派遣法により非正規労働者が増え厚生年金加入者が減少するとき。
・政府補助金が巨額財政赤字により支弁できないとき。
・未納者が増えるとき。

このなかでも、少子高齢化により現役労働者が減り、受給者が増えること、加えて非正規労働者が増えていることがさし迫った大きな問題である。

また、財源方式を止めて租税方式にすることもできない。国そのものが巨額赤字で財源がないからである。積立方式でも今の方式を維持しながら、将来の年金の用意をしなければならない。その制約はきわめて大きい。

(3) 年金改革の推移

(a) 2004年の制度改革

・上限を固定したうえで保険料の引き上げその上限として18・3%。
・基礎年金の国庫負担率1／2へ引き上げ。
・積立金の活用。
・マクロ経済スライドの導入。

（b）社会保障税一体改革として年金機能強化法が２０１２年成立した。その中での主なものとして

・基礎年金の国庫負担割合１／２の恒久化。

・基礎年金の保険料納付期間として25年から10年に短縮。しかし、消費税率10％引き上げは遅れ、２０１９年10月となる。

・短時間労働者への社会保険の適用拡大。労働時間が週20時間以上、年収94万円以上の短時間労働者を健康保険と厚生年金に加入させる。運用対象者25万人、実施時期を２０１６年10月とする。しかし、企業側の対応で対象者は減っている。

（c）厚生年金と共済年金の一元化

被用者年金一元化法により実施

保険料の統一について厚生年金は２０１７年に18・３％を上限。公務員は２０１８年以降とする。

（d）厚生年金基金の見直し

・2013年に年金健全性信頼性確保法成立。

・新設を認めない。

・5年間の時限装置として解散時に国に納付する最低責任準備金の納付期限を定め、納付方法の特例を設ける。

（4）主要な問題点

①安定的年金収支

現在の方式は賦課方式で実施されている。その長期収支が安定するためには保険料引き上げ、給付の引き下げ、対象者も増やす、賃金の引き上げ、補助金を増やすなどがある。しかし、少子高齢化と雇用状勢の悪化がある。その基本的経済システムを改善する必要がある。

今の方式の中でも、次の点が重要である。

・マクロ経済スライド。どこまで削減できるのか。支払側、給付側にとって大きな問題である。
・年金積立金の運用。２０１５年で約１２０兆円あるが、その公正かつ適切な方法が問われる。
・非正規労働者増による年金未納者の増加を防ぐこと。
・支給開始年齢65歳とするが、大部分の事業所の退職年齢は60歳であり、５年間の生活を支える仕組。長期的には65歳以上も検討要である。

②短時間労働者の厚生年金適用。この前提として、同一労働、同一価値の法制化と最低賃金の引き上げが求められる。

③年金課税
公的年金控除では年金３３０万円の場合、控除額１２０万円とするが、妥当であるか。

④高額所得者の年金給付見直し

⑤最低保障年金

・その方式。一つの例として社会保険方式から税方式とするとしてもその具体策。

・生活保護制度との関連。

⑥年金制度の大きな改革として税による最低保障年金と所得比例方式による上乗せ方式がある。しかし、具体的にはどうするか。今の方式を維持しながら実施する困難さがある。

⑦自営業者の年金制金と雇用者年金の一元化について次がある。

・自営業者の所得捕捉率がサラリーマンと大きなちがいがある。

・就業状況が異なる。家族又はそれに近い人との就業であり、65歳以上の営業も大部分の人は可能である。

・資産状況も異なる。

・定年が通常の場合ない。

そこでの根本的ちがいは自分の権限と資産で営業する人と、生産手段を持たず、他人に雇われ、賃金によって生活を支える被用者とはその生活実態が根本的に異なることである。

（5）長期年金収支

２００９年、年金の財政検証が公表された。保険料は２０１７年度に18・3％まで引き上げられ、所得代替率は２０２３年度において50・2％となる。表（図表４－４）を示す。表からの数字として、次のことが確認できる。

'15年度　収入44・８兆円　支出42・６兆円　年度末積立金１４４・２兆円
'40年度　収入78・５兆円　支出67・３兆円　年度末４１７・１兆円（積立金残高）

ここでは最新の人口統計をもとに２０３０年度の収支を考える。

'15年度の受給者数　38・３百万人（実績）
'15年度の加入者数　36・８百万人（実績）

２０１５年度の人口統計から
15〜64歳　１２７×60・８％＝77・２百万人
65歳以上　１２７×26・６％＝33・７百万人

２０３０年の人口として15〜64歳　１１９×57・７％＝68・６百万人
65歳以上　１１９×31・２％＝37・１百万人

長期収支の考え方として次がある。
収入＝保険料収入＋国庫負担＋運用収入
支出＝給付額＋基礎年金拠出額
ここでは保険料は人数に単純に比例するとし、運用収入は低金利のため考えない。この前提の別紙（図表４－５）の簡易計算書が得られる。
２０３０年度の資金残高としては、次のようになる。

H	I	J	K	L	M	N
基礎年金拠出金（兆円）	収支差引残（兆円）	年度末積立金（兆円）	標準報酬総額（兆円）	標準報酬伸び率（%）	被保険者数（100 万人）	被保険者数伸び率（%）
—	—	145.3	—			
13.1	-0.9	144.4	153.4			
13.5	-1.7	142.6	155.6	1.45	34.5	0.38
13.9	-1.1	141.6	161.5	3.78	34.8	0.62
14.4	-0.7	140.9	166.3	3.00	34.8	0.12
15.0	-0.1	140.8	170.7	2.64	34.7	-0.20
15.7	1.2	142.0	175.1	2.56	34.6	-0.25
16.3	2.1	144.2	179.9	2.71	34.6	-0.20
16.9	3.5	147.6	184.5	2.58	34.5	-0.22
17.3	4.8	152.4	188.8	2.32	34.4	-0.32
17.6	5.7	158.2	192.9	2.20	34.2	-0.42
17.8	6.8	164.9	197.1	2.16	34.1	-0.44
18.1	7.6	172.5	201.4	2.17	34.0	-0.41
18.3	8.1	180.6	205.7	2.16	33.8	-0.39
18.5	8.8	189.3	210.1	2.14	33.7	-0.39
18.8	9.6	198.9	214.5	2.10	33.6	-0.40
19.0	10.1	209.0	218.9	2.03	33.4	-0.45
19.2	10.9	219.9	223.1	1.95	33.2	-0.52
19.5	11.8	231.7	227.4	1.89	33.0	-0.57
19.7	12.4	244.0	231.5	1.81	32.8	-0.63
19.9	13.0	257.0	235.5	1.71	32.6	-0.72
20.2	13.4	270.4	239.3	1.65	32.3	-0.78
20.5	13.8	284.2	243.0	1.54	32.1	-0.88
20.8	14.2	298.4	246.3	1.35	31.7	-1.08
21.2	14.3	312.7	249.2	1.18	31.3	-1.26
21.6	14.2	327.0	251.9	1.07	30.9	-1.37
22.0	14.1	341.0	254.3	0.98	30.4	-1.47
22.4	13.8	354.8	256.7	0.92	30.0	-1.53
22.8	13.5	368.3	259.0	0.92	29.5	-1.55
23.3	13.1	381.4	261.4	0.90	29.0	-1.59
24.0	12.5	394.0	263.7	0.88	28.6	-1.63
24.8	11.9	405.8	266.0	0.90	28.1	-1.62
25.5	11.2	417.1	268.5	0.92	27.6	-1.61
26.3	10.7	427.8	271.0	0.94	27.2	-1.60
27.0	10.3	438.1	273.5	0.94	26.8	-1.59
27.6	9.9	447.9	276.1	0.93	26.3	-1.58
28.3	9.5	457.4	278.7	0.93	25.9	-1.57
28.9	9.2	466.6	281.3	0.95	25.5	-1.54
29.5	8.9	475.5	284.0	0.97	25.1	-1.51
30.1	8.6	484.1	286.8	0.98	24.8	-1.48
30.7	8.2	492.4	289.7	0.99	24.4	-1.47
31.3	7.9	500.2	292.6	1.01	24.1	-1.44
31.9	7.5	507.7	295.7	1.05	23.7	-1.41

年度	A 保険料率 （%）	B 収入合計 （兆円）	C 保険料 収入 （兆円）	D 国庫負担 （兆円）	E 運用収入 （兆円）	F 支出合計 （兆円）	G 給付 （兆
2008	15.350	—	—	—	—	—	—
2009	15.704	34.9	23.8	7.2	2.1	35.8	22.
2010	16.058	35.0	24.7	7.4	2.5	36.7	23
2011	16.412	36.7	26.2	7.5	2.7	37.8	23
2012	16.766	38.5	27.6	7.8	2.8	39.2	24.
2013	17.120	40.4	28.9	8.1	3.1	40.4	25
2014	17.474	42.5	30.3	8.4	3.6	41.3	25
2015	17.828	44.8	31.7	8.7	4.1	42.6	26
2016	18.182	47.3	33.2	9.0	4.9	43.8	26
2017	18.300	49.1	34.4	9.1	5.4	44.4	27.
2018	18.300	50.6	35.3	9.2	5.9	44.9	27
2019	18.300	51.9	36.1	9.3	6.3	45.2	27
2020	18.300	53.3	36.9	9.4	6.8	45.7	27.
2021	18.300	54.4	37.6	9.5	7.1	46.4	27.
2022	18.300	55.7	38.5	9.6	7.4	46.9	28.
2023	18.300	56.9	39.3	9.7	7.8	47.4	28.
2024	18.300	58.2	40.1	9.8	8.2	48.1	28.
2025	18.300	59.5	40.8	9.9	8.6	48.6	29.
2026	18.300	60.8	41.6	10.0	9.1	49.0	29.
2027	18.300	62.1	42.4	10.1	9.6	49.7	29.
2028	18.300	63.4	43.1	10.2	10.1	50.4	30.
2029	18.300	64.8	43.8	10.3	10.6	51.4	31.
2030	18.300	66.1	44.5	10.4	11.1	52.3	31.
2031	18.300	67.4	45.1	10.6	11.7	53.2	32.
2032	18.300	68.6	45.6	10.7	12.3	54.3	33.
2033	18.300	69.9	46.1	10.9	12.8	55.6	34.
2034	18.300	71.1	46.5	11.1	13.4	57.1	35.
3035	18.300	72.3	47.0	11.3	14.0	58.5	36.
2036	18.300	73.5	47.4	11.5	14.5	60.0	37.
2037	18.300	74.7	47.8	11.7	15.1	61.5	38.
2038	18.300	75.9	48.3	12.0	15.6	63.4	39.
2039	18.300	77.2	48.7	12.4	16.1	65.4	40.
2040	18.300	78.5	49.1	12.8	16.5	67.3	41.
2041	18.300	79.8	49.6	13.2	17.0	69.1	42.
2042	18.300	81.0	50.1	13.5	17.4	70.7	43.
2043	18.300	82.2	50.5	13.8	17.8	72.3	44.
2044	18.300	83.4	51.0	14.2	18.2	73.9	45.
2045	18.300	84.5	51.5	14.5	18.6	75.4	46.
2046	18.300	85.7	52.0	14.7	18.9	76.8	47.
2047	18.300	86.8	52.5	15.0	19.3	78.2	48.
2048	18.300	88.0	53.0	15.3	19.6	79.8	49.
2049	18.300	89.2	53.5	15.7	19.9	81.3	49.
2050	18.300	90.4	54.1	16.0	20.2	82.9	50.

図表 4-4　2009 年財政検証（出生中位、死亡中位、経済中位、基本ケース）
出典：野口悠紀雄「日本を破滅から救うための経済学」ダイヤモンド社、2010 年

図表 4- 5　長期年金収支簡易計算

2015 年度　受給者 38.3 百万人、加入者数 36.8 百万人

2015 年度　保険料 31.7　国庫負担 8.7　運用収入 4.1 兆円

給付金 26.2　基礎年金拠出金 16.3　積立金残高　144.2 兆円

2030 年度については人口統計により、現役世代と高齢世代人口をもとにして単純に推定する

2015 年度の受給者 38.3 百万人、30 年度では人口比例するとして

$$38.3\times\frac{37.1}{33.7}=42.1 \qquad 42.1 / 38.3 \fallingdotseq 1.09$$

2015 年度加入者 36.8 百万人、2030 年度では人口比例するとして

$$36.8\times\frac{68.6}{77.2}=32.7 \qquad 32.7 / 36.8 \fallingdotseq 0.88$$

（給付）

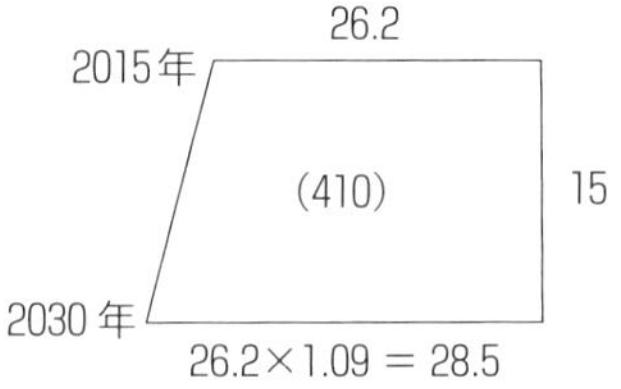

（保険料）

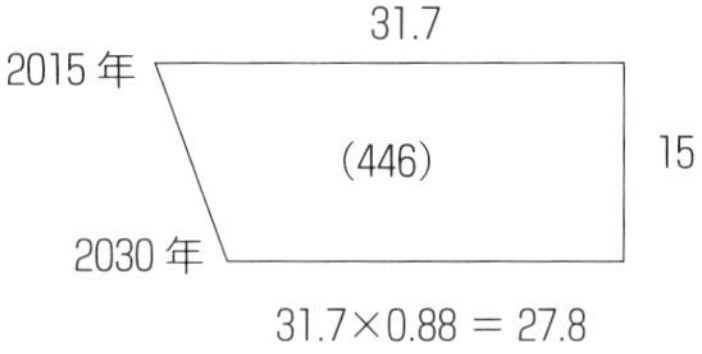

2015 年間の給付

$$\frac{(26.2+28.5)\times 15}{2}=410\text{ 兆円} \qquad \frac{(31.7+27.8)\times 15}{2}=446\text{ 兆円}$$

2015 年間の拠出額

給付に比例するとして　　国庫金は拠出金の 2 分の 1 として

$$16.3\times\frac{410}{26.2}=255 \qquad 255\times\frac{1}{2}=127$$

2030 年度の資金残高

$144+(446+127)-(410+255)=52$ 兆円

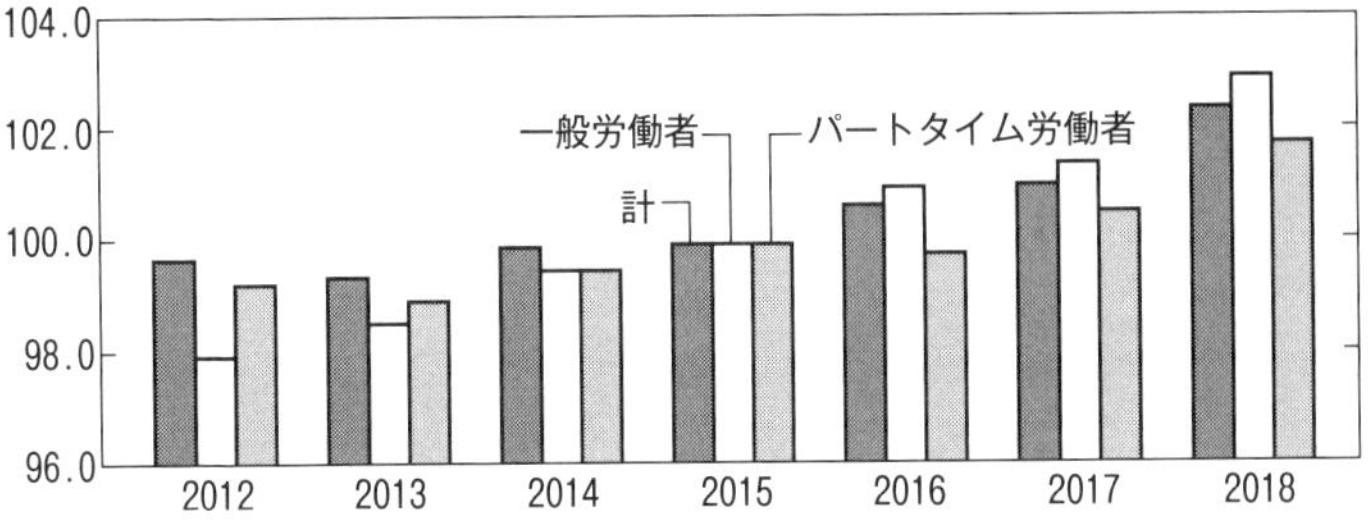

資料・注記は表5-11に同じ。事業社規模5人以上。名目賃金指数。

図表4-6　賃金指数（再集計値）（2015年平均＝100.0）
出典：『日本国勢図会2019／20』矢野恒太記念会、2019年

144＋（446＋127）－（410＋255）≒52兆円

（国の試算では2030年度284・2兆円）

この52兆円は4～5年でなくなるとみる（ここで利息収入は低金利のためみていない）。

この計算は単純すぎるかもしれない。しかし、人口の動向はきちんと考えている。さらにその収支に不利な面が多い。

・賃金収入はわずかしか伸びていない。15～18年の賃金指数を示す（図表4-6）。

・非正規労働者が増え、厚生年金に入らない人が多い。

・マクロ経済スライドが2004年に導入されたが、

その実施には年金受給者からの抵抗が強い。その実

施は消費を減らし、景気を悪化させる。
・国庫補助が必ず実施されるか疑問がある。財政そのものが巨額赤字であるからである。
・資金運用から大きな収入が得られない。金利がきわめて低く、株式では不測の赤字が生じうる。
・保険料収入を大きく増やすことは困難である。現役世代人口が減っているためである。

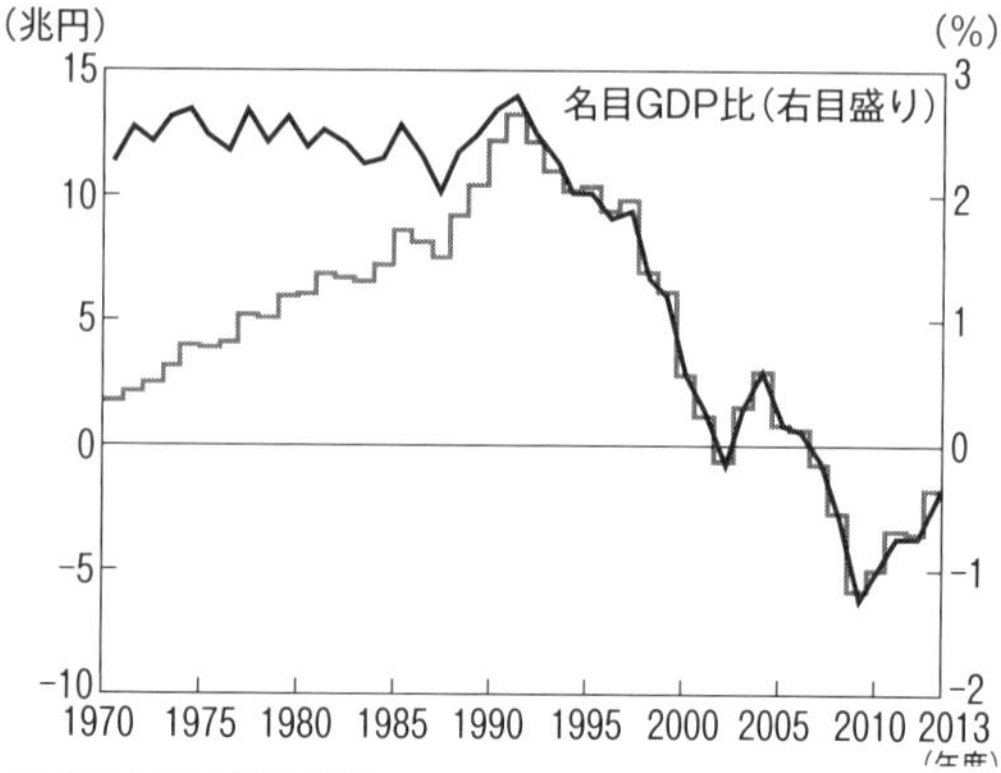

内閣府「国民経済計算」

図表4-7　悪化する社会保障基金の収支
出典:小塩隆士『18才からの社会保障読本』ミネルヴァ書房、2015年

最大の問題は少子高齢化が続き、現役世代人口が減り、高齢世代人口が増えていることである。
最近の社会保障基金の収支図（図表４－７）を示す。その大部分が年金部分であり２００７年度頃より、赤字である。

3　医療保険制度

(1) 制度の概要

はじめに概要を示す表（図表4－8）を示す。

国民全体を医療保険の対象とする国民皆保険である。必要とする医療を公的医療保険でカバーするもので、混合診療（保険の対象とする診療と対象外のものを併用する）は認められていない。

基本的仕組として75歳未満の人では被用者保険と国民健康保険の二本建であり、75歳以上の人は後期高齢者医療保険に入る。

被用者保険

健康保険組合　大企業の被用者が加入

協会けんぽ　中小企業の被用者が加入

共済健保　公務員が入る。

図表 4- 8　医療保険制度の概要　(2016 年 4 月現在)

制度名			保険者	加入者数［本人 家族］（万人）	医療給付の一部負担	財源	
						保険料率	公費負担・補助等
（被用者保険）	健康保険	協会けんぽ	全国健康保険協会	3,564［2,030 1,534］	3 割 ただし、義務教育就学前 2 割 70 ～ 74 歳 2 割（現役並み所得者は 3 割）	10.00%（全国平均）	給付費の 16.4%
		組合	健康保険組合 1,419	2,927［1,560 1,368］		8.88%（平均）	定額
	船員保険		全国健康保険協会	13［6 7］		9.60%	
	各種共済	国家公務員	20 共済組合	891［449 442］		8.20%（平均）	なし
		地方公務員等	64 共済組合			9.36%（平均）	
		私学教職員	1 事業団			7.39%	
国民健康保険		農業者・自営業者等	市町村 1,717	3,693 市町村 (3,397) 国保組合 (295)		世帯ごとに応益割（定額）と応能割（負担能力に応じて）を賦課	給付費等の 国 41% 都道府県 9 %
			国保組合 164				給付費等の 47%
後期高齢者医療（75 歳以上）			後期高齢者医療広域連合 47	1,544	1 割（現役並み所得者は 3 割）	個人ごとに均等割（定額）と所得割を賦課	国 4/12 都道府県 1/12 市町村 1/12 支援金 約 4 割

出所　厚生労働省『厚生労働白書　平成 27 年版』をもとに、2016 年 4 月時点の制度の内容に合わせて加工した。保険者数と加入者数は 2014 年 3 月末現在の実績。保険料のうち組合健保は 2014 年度決算見込み、共済組合は 2013 年度実績。
出典：椋野美智子他『はじめての社会保障』有斐閣、2016 年

国民健康保険　75歳未満であって被用者保険の対象でない人（農業者、自営業者、無業者など）が入り、市町村が運営する。

後期高齢者医療保険　2008年に成立したもので75歳以上の高齢者が加入する。

加入者数をみると、2016年3月で被用者保険7400万人、国民健康保険3400万人、後期高齢者保険1600万人ほどである。

保険給付の内訳として、給付率は原則7割で、かかった医療費の3割は患者が負担する。義務教育就学前の人は2割、70～74歳の人は2割、75歳以上の人は1割である。ただし、現役並の所得者は3割である。また、患者の一部負担には一定の上限が設けられている。

医療費の財源を示す。

財源は患者の一部負担、保険料、公費の三つから成る。主なものをみる（2016年4月）。

協会けんぽ　保険料　10％
　　　　　　公費　　給付費の16・4％

健康保険（組合）	保険料　8・88％ 公費　定額
国民健康保険（市町村）	保険料率　世帯毎に応能負担と応益負担 公費、給付費について国41％、都道府県9％
後期高齢者	保険料、個人毎に所得割と均等割 公費、国4／12、都道府県1／12、市町村1／12、支援金約4割

公費は各制度間の財政力の相違等を調整するため投入される。健康保険組合や共済組合に対しては公費の投入は原則としてない。協会健保に対しては国が16・4％を補助する。

診療報酬は保険医療機関と患者との間で自由に決まるものでなく、診療報酬点数表で算定される。①医療財政制度と医療提供制度は現物給付および対価である診療報酬により接合されており、②保険診療の適正を確保するため、診療担当規則と点数表により規制されている（島崎謙治『医療政策を問いなおす』第1章）。

最近の国民健康保険の主な改正点を示す（図表4－9）。全体的に自己負担率が増え、制

図表 4-9　国民皆保険制度に関わる法改正　(2001 年以降)

2001 年 1 月	健康保険法等の一部改正施行（2000 年 11 月成立） ・老人一部負担金：定率 1 割負担性導入。 ・高額療養費：上位所得者の負担限度額引き上げ。 ・入院時食事療養費：標準負担額引き上げ。
2002 年 10 月	健康保険法等の一部改正施行（2002 年 7 月成立） ・老人一部負担：完全定率負担性導入。 一定以上所得者の負担が 2 割に。
2003 年 4 月	健康保険法等の一部改正施行（2002 年 7 月成立） ・被用者保険：7 割給付（3 割負担）に統一 ・被用者保険の保険料：算定対象を総報酬に。
2006 年 10 月	健康保険法等の一部改正施行（2006 年 6 月成立） ・70 歳以上現役並み所得者：2 割→ 3 割負担へ引き上げ。 ・高額療養費：負担限度額引き上げ。 ・入院時生活療養費導入：70 歳以上の療養病床入院患者の食住費自己負担化。 ・特定療養費の廃止と保険外併用療養費の創設。
2007 年 4 月	健康保険法等の一部改正施行（2006 年 6 月成立） ・保険料等算出の標準報酬月額の上限引き上げ等。 ・任意継続被保険者への給付内容削減。
2008 年 4 月	健康保険法等の一部改正施行（2006 年 6 月成立） ・後期高齢者医療制度の創設。 ・工学介護合算療養費制度の新設。 ・保険者による特定健診の実施。
2008 年 10 月	健康保険法等の一部改正施行（2000 年 11 月成立） ・協会けんぽの設立。
2014 年以降 ※検討中を含む	・70 ～ 74 歳の医療費窓口負担の引き上げ（1 割→ 2 割）。 ・後期高齢者の保険料軽減措置の見直し。 ・紹介状のない大病院受診者への定額負担。 ・入院時食事代の引き上げ。 ・協会けんぽの保険料引き上げ。

資料：「医療はどう変わってきたか」『月間保険診療』2015 年 1 月号
出典：岩波書店『世界』2016 年 4 月号

度が変わるたびに国民負担が増えている。

(2) 国民医療費の現状

'10－37、'15－42、'16－42兆円ときわめて巨額である(ここで国民医療費は自己負担と給付を併せたものである)。2016年度の年齢別の内訳として65歳以上59・7%のうち75歳以上30・5%である。

①伸び率が大きく巨額である。

②国民健康保険(市町村)をみる(島崎謙治『医療政策を問いなおす』第7章)。
2012年度の職業割合として農林水産業2.8%、自営業14・7%、被用者35・2%、無職43・4%、その他4%である。かつては農林水産業と自営業が大部分を占めていた。また全体の保険制度のうち、被用者は他人に雇われており、保険料は労使折半である。所得捕捉率が高い。一方、自営業では生活手段を持ち、費用負担は本人のみである。前期高齢者(65~75歳未満)では制度間の医療費負担の不均衡の調整がなされる。後期

高齢者（75歳以上）では医療費負担10％、財源として個人負担、国民健康保険からの支援40％、公費50％である。

③国民健康保険には次の問題がある。

・高齢者の加入割合が高い。

・低所得者が多い。

・保険料の収納率は90％ほどである。

これらのため、その制度の一部を２０１５年に改正してきた。主なものとして次がある。

・公費の拡大をしてきた。具体的には低所得者対策の強化と財政調整機能の強化。

・国保の財政運営の見直し。２０１８年度から都道府県が財政運営をする。市町村には所要保険料額を割り当て拠出してもらう。

④医療費の財源について、２０１２年度でみると公費負担割合が高い。（　）書きは割合％である。

12年度　39（兆円）保険料19（49）患者負担5（12）公費15（39）

この傾向は2013年度でもあまり変わりない。（島崎謙治『医療政策を問いなおす』第7章）。

⑤公費負担が増大している。巨額財政赤字の中で、持続可能性に大きな疑いがある。

(3) 医療介護費用の増大

図（図表4－10）により、年齢階級別の医療受療率をみると、高齢者分が急カーブで上昇している（前掲書第4章）。

直近の年齢階級別の一人あたり国民医療費および介護費を固定し、2025年の推定費用が示される（図表4－11、12）。

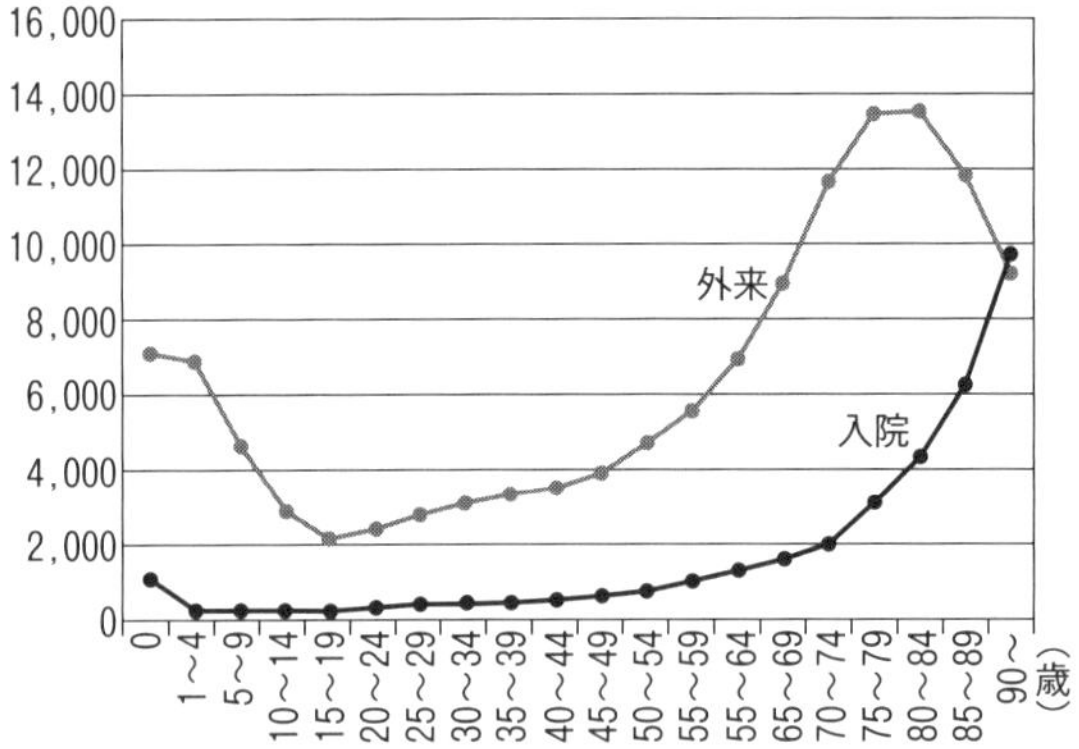

厚生労働省「患者調査（2011年）」

図表4-10　年齢階級別受療率（人口10万対）
出典：島崎謙治『医療政策を問いなおす』筑摩書房、2015年

年度	医療費	介護費
'12	39・2（兆円）	−
'13	−	8.8（兆円）
'25	42・9	13・6
比率	1・09	1・54

伸び率が大きく、中でも介護費が急上昇している。高齢化が直接的に影響している。年齢別の受療率をみると高齢者の受療率が高い。全体医療費でも65歳以上の分が大きい。

2015年度の国民医療費　42・3兆円
うち65〜74歳　23・5％、75歳以上　35・8％
2016年度　42・1兆円
うち65〜74歳　23・2％、75歳以上　36・5％

図表4-11　人口要因のみを考慮した2025年度の介護給付費の推計

	2013年度		2025年度	
区　分	人口(万人)	介護給付費(億円)	人口(万人)	介護給付費(億円)
0歳～39歳	5.219(41%)	―	4,297(36%)	―
40歳～64歳	4,320(34%)	2,345(3%)	4,112(34%)	2,232(2%)
65歳～74歳	1,630(13%)	8,699(10%)	1,479(12%)	8,211(6%)
75歳以上	1,550(12%)	77,913(88%)	2,179(18%)	126,099(92%)
合　計	12,730	88,957	12,066	136,542

（推計方法）「2013年度介護給付費実態調査」の年齢階級別（5歳刻み）の介護（予防）給付費を同年の年齢階級別人口で除し年齢階級別1人当たり介護給付費を算出し、これに「日本の将来推計人口」（2012年1月推計）の2025年の年齢階級別人口を乗じて推計。
出典：島崎謙治『医療政策を問いなおす』筑摩書房、2015年

図表4-12　人口要因のみを考慮した2025年度の国民医療費の推計

	2012年度		2025年度	
区　分	人口(万人)	国民医療費(億円)	人口(万人)	国民医療費(億円)
0歳～64歳	9,672(76%)	171,270(44%)	8,409(70%)	150,762(35%)
65歳～74歳	1,560(12%)	85,319(22%)	1,479(12%)	81,920(19%)
75歳以上	1,519(12%)	135,530(35%)	2,179(18%)	196,591(46%)
合　計	12,752	392,117	12,066	429,272

（推計方法）「2012年度国民医療費」の年齢階級別（5歳刻み）の1人当たり医療費に「日本の将来推計人口」（2012年1月推計）の2025年の年齢階級別人口を乗じて推計。
出典：島崎謙治『医療政策を問いなおす』筑摩書房、2015年

具体的に受療率をみると、加齢により受療率は急カーブで上昇している。介護についても２０１２年度報告によると、65～69歳が2.6％、70～74歳が6.3％、75～79歳が13・７％、80～84歳が26・９％と、年とともに増加している（前掲書第４章）。

２０２５年度でみると、

国民医療費　42兆円のうち75歳以上　19兆円（46％）

介護給付費　13兆円のうち75歳以上　12兆円（92％）

社会保障費の長期推計からの額と（割合）を示す。

年度	計	年金	医療	介護	その他
'12	１０９・５（兆円）	53・８	35・１	８・４	12・２
		（49・１）	（32・０）	（７・７）	（11・２）
'25	１４８・９	60・４	54・０	19・８	14・６
		（40・６）	（36・３）	（13・３）	（９・８）
比率	１・35	０・82	１・13	１・72	０・88

・全体の伸び率が大きく巨額である。その中で年金の伸び率が小さくなるが、介護と医療の伸び率が大きい。
・年金についてマクロ経済スライドが導入されているが、医療、介護について抑制することは困難である。
・一般会計中の社会保障費として当初予算でみると'17－32兆円、'18－32兆円、'19－34兆円と最大費目である。
・全体社会保障給付費も'14－112兆円、'15－115兆円、'16－116兆円と巨額になる。
・医療や介護等の就業者数を示す（前掲書第4章）

2012年度　706万人
2030年度　908～962万人

このため人手不足も生じる。一方要介護認定者について'16－620万人、'17－632万人、'18－641万人と急増している。

この状況の中で、今のままでは巨額赤字が増え、必要な社会保障費も巨額になり、この状態は持続可能でない。特に財源が根本的に不足している。そのうちでも公費不足が大きい。

5章　少子高齢化と経済成長

1　少子高齢化

人口減少と少子高齢化が進んでいる。その全体の傾向を示す（図表5－1、2）。

2015年には1・27億人、2050年には1・01億人とする。将来人口の動きを示す（図表5－3）。その中での生産年齢（15～64歳）の比率と全体人口を示す。

'15　60・8（％）　127（百万人）

図表5-1　将来人口推計（中位推計）　(単位：百万人、%)

	総人口（百万人）	年齢別人口（%）		
		0〜14歳	15〜64歳	65歳以上
2015	127	12,5	60,8	26,6
2020	125	12,0	59,1	28,9
2025	122	11,5	58,5	30,0
2030	119	11,1	57,7	31,2
2035	115	10,8	56,4	32,8
2040	110	10,8	53,9	35,3
2050	101	10,6	51,8	37,7
2060	92	10,2	51,6	38,1
2065	88	10,2	51,4	38,4

出典：『日本国勢図会2019／20』矢野恒太記念会、2019年

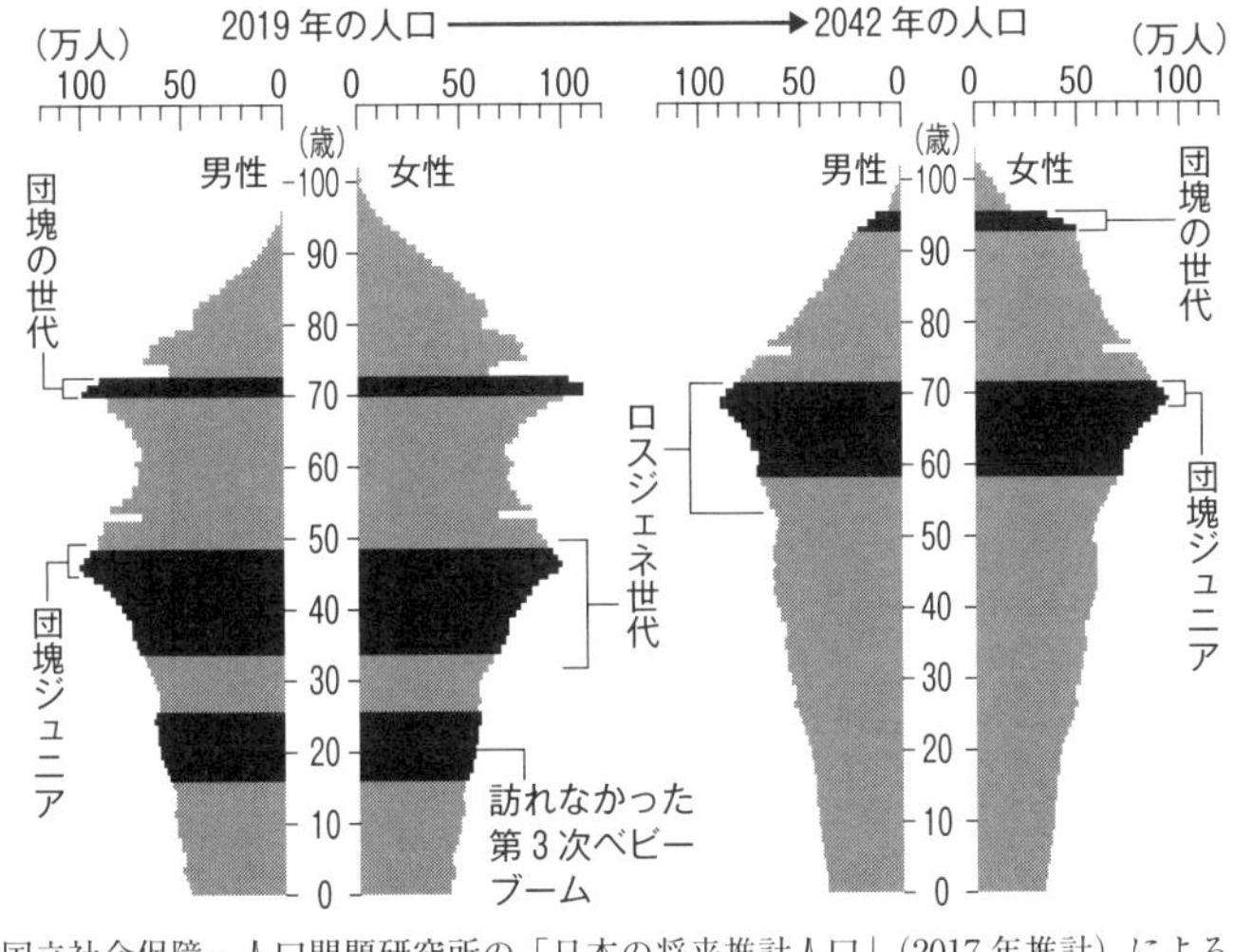

国立社会保障・人口問題研究所の「日本の将来推計人口」（2017年推計）による

図表5-2　2019年と2042年の人口構成
出典：「朝日新聞」2019年5月27日

'20	59.1	125
'40	53.9	110
'50	51.9	101

人口動態の各種の指標をみる。

年	出生率	死亡率	合計特殊出生率
'90	10.0	6.7	1.54
'00	9.5	7.7	1.36
'15	8.0	10.3	1.45
'20	7.2	11.3	—
'30	6.9	13.5	—
'40	6.7	15.1	—
'50	6.4	15.7	—

（注）出生率－死亡率、人口千人あたりの数

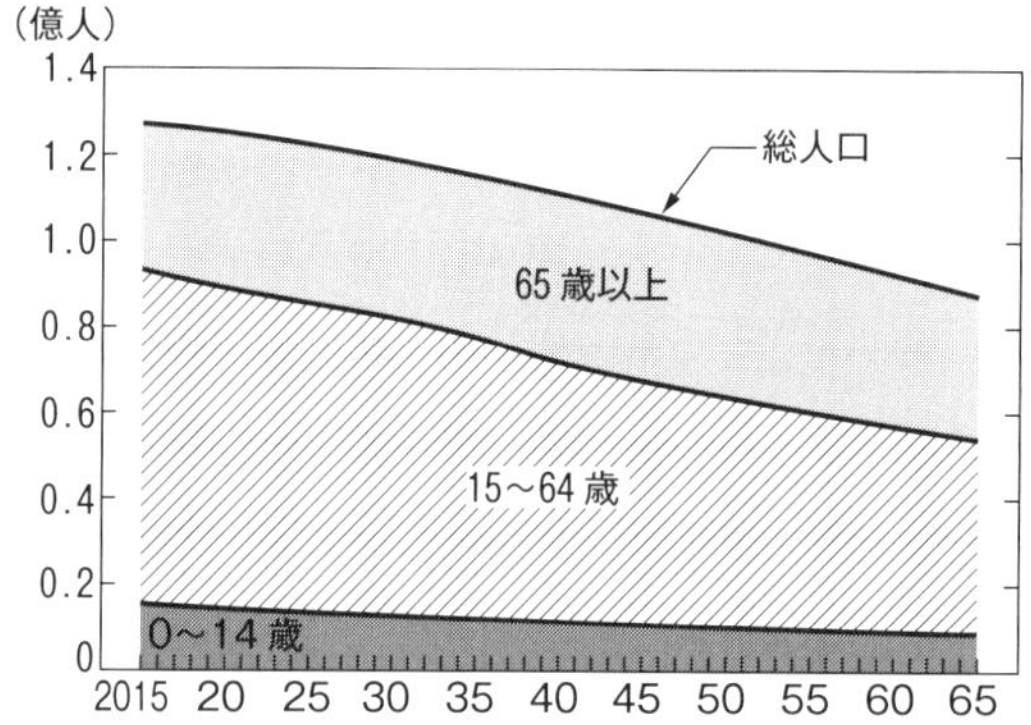

図表 5-3　将来人口の動き（中位推計）
出典：『日本国勢図会 2019 ／ 20』矢野恒太記念会、2019 年

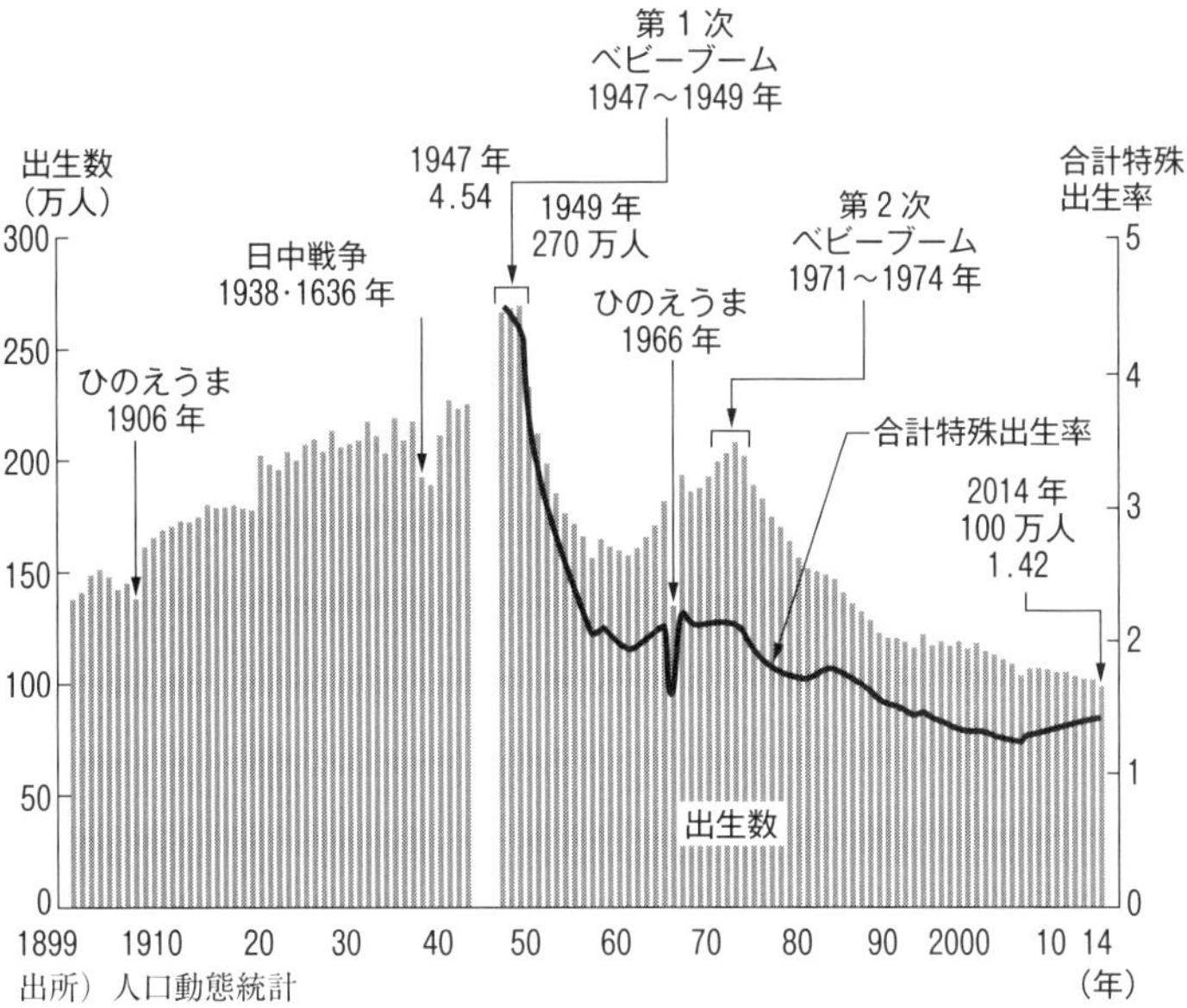

図表5-4　日本の出生数と出生率の推移
出典：吉川洋『人口と日本経済』中央公論新社、2016年

合計特殊出生率－女性が生涯に生む子供数

より長期的な出生数と出生率の推移（図表5－4）と生産年齢人口と高齢者人口の推移を示す（図表5－5、6）併せて出生数と死亡数の推移を示す（図表5－7）。

・全体人口が減っている。2008年の128百万人がピーク。

・少子化が進んでいる。

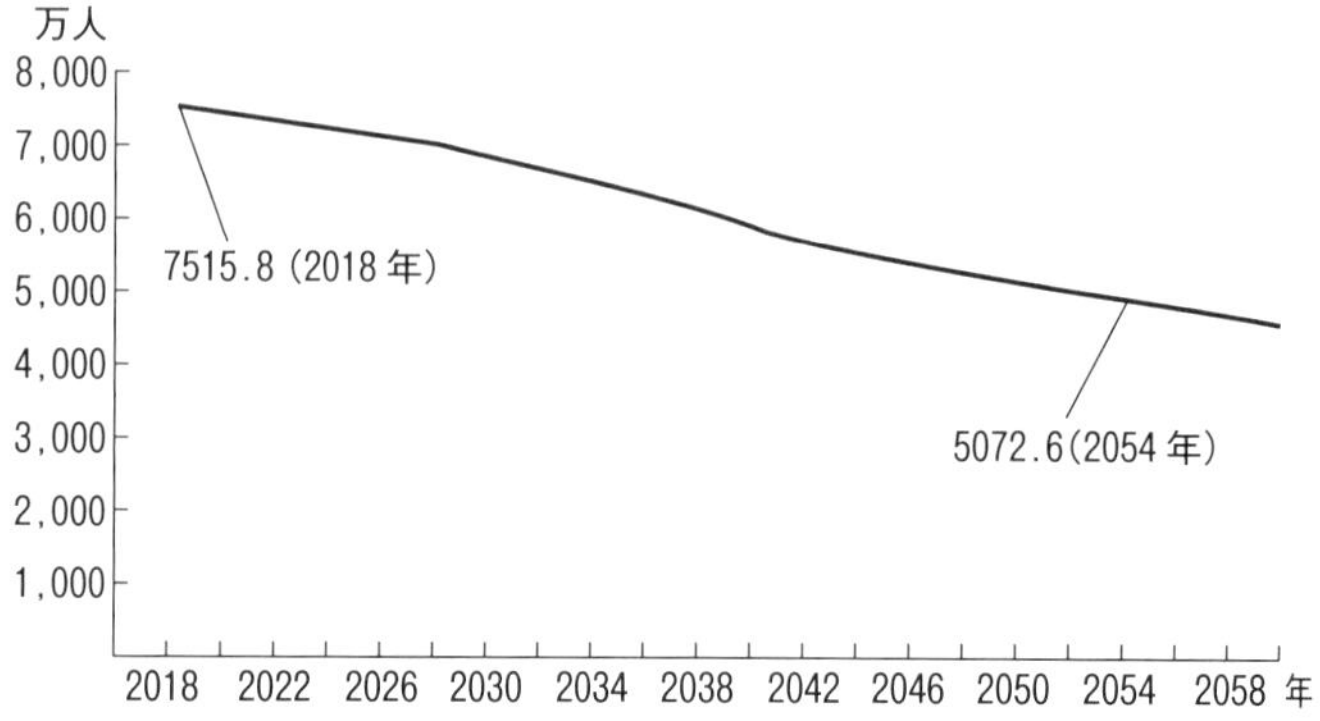

資料：国立社会保障・人口問題研究所ホームページ「日本の将来推計人口」(平成29 年推計)

図表 5-5　生産年齢人口（15 ～ 64 歳）の推移
出典：明石順平『データが語る日本財政の未来』集英社インターナショナル、2019 年

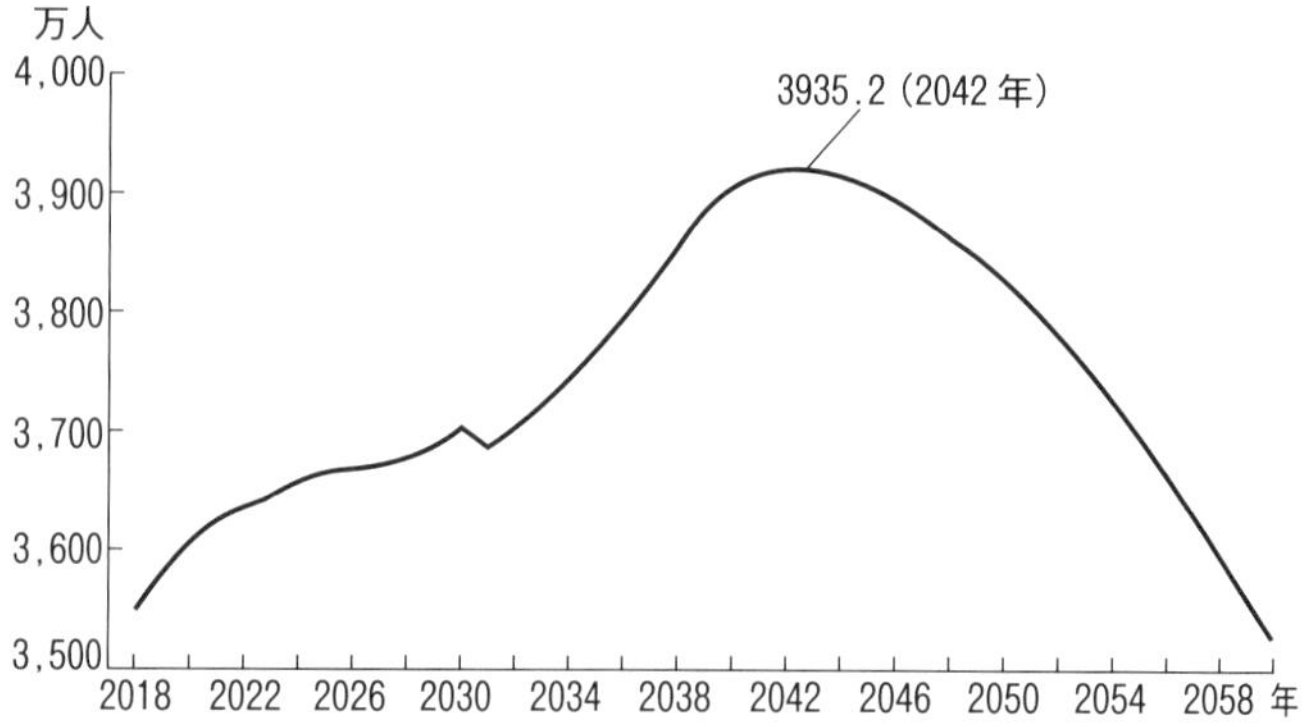

資料：国立社会保障・人口問題研究所ホームページ「日本の将来推計人口」(平成29 年推計)

図表 5-6　高齢者人口（65 歳以上）の推移
出典：明石順平『データが語る日本財政の未来』集英社インターナショナル、2019 年

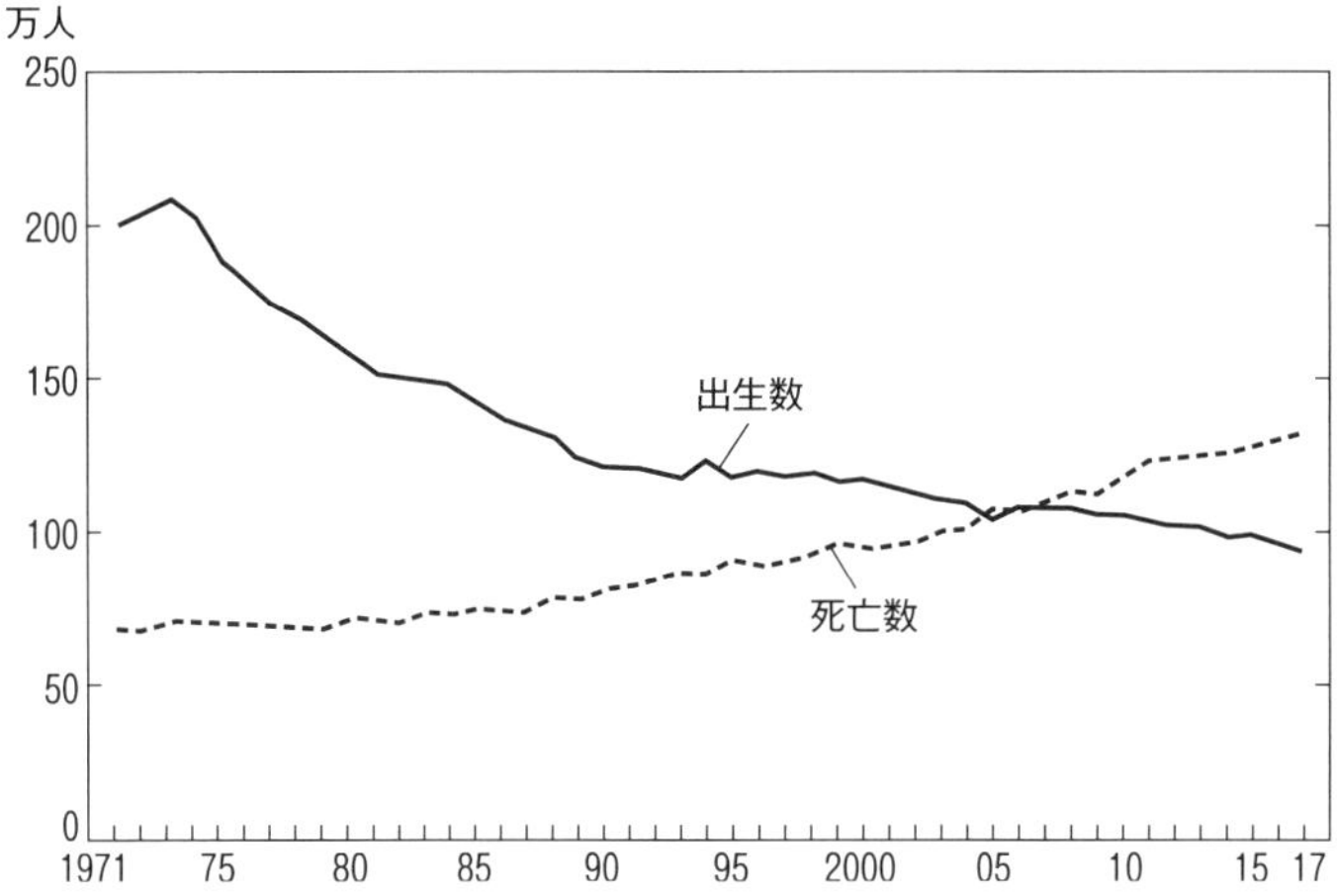

厚生労働省「人口動態統計」による。日本における日本人。1972 年までは沖縄県を含まない。

図表 5 - 7　出生数と死亡数の推移
出典：『日本国勢図会 2019 ／ 20』矢野恒太記念会、2019 年

・高齢化が進み、生産年齢人口が減っている。
・平均初婚年齢も上がり（2017年約30歳）、生涯未婚率も2015年男23％、女14％である。

経済への影響として

・若い人は活動が活発であり、消費額も多い。全体所得を上げ、経済成長も高める。しかし、その現役世代の人が減っている。
・高齢世代の社会保障の給付は大きい。しかし、その財源を支える現役世代人口が減り、特に年金と健康保険の

影響が大きい。

・各種の家庭用備品についての普及率が高く、今後大きな消費が期待できない。

この経済下で次のことが重要である。

・非正規雇用が拡大している。そのため所得の格差が生じて、生涯賃金でも大きな差が生じる。年金保険料も少なくなる。

・少子高齢化によって、社会保障費が急増している。その負担を支える現役世代の人口が減り、社会保障費の財源が不安定になっている。その中でも年金、介護福祉費、医療費が急増している。

・税が格差を拡げ、財政赤字を増やしている。

2 消費と投資の動き

少子高齢化や景気の後退等から消費と所得の増加率は低下している（図表5－8）。

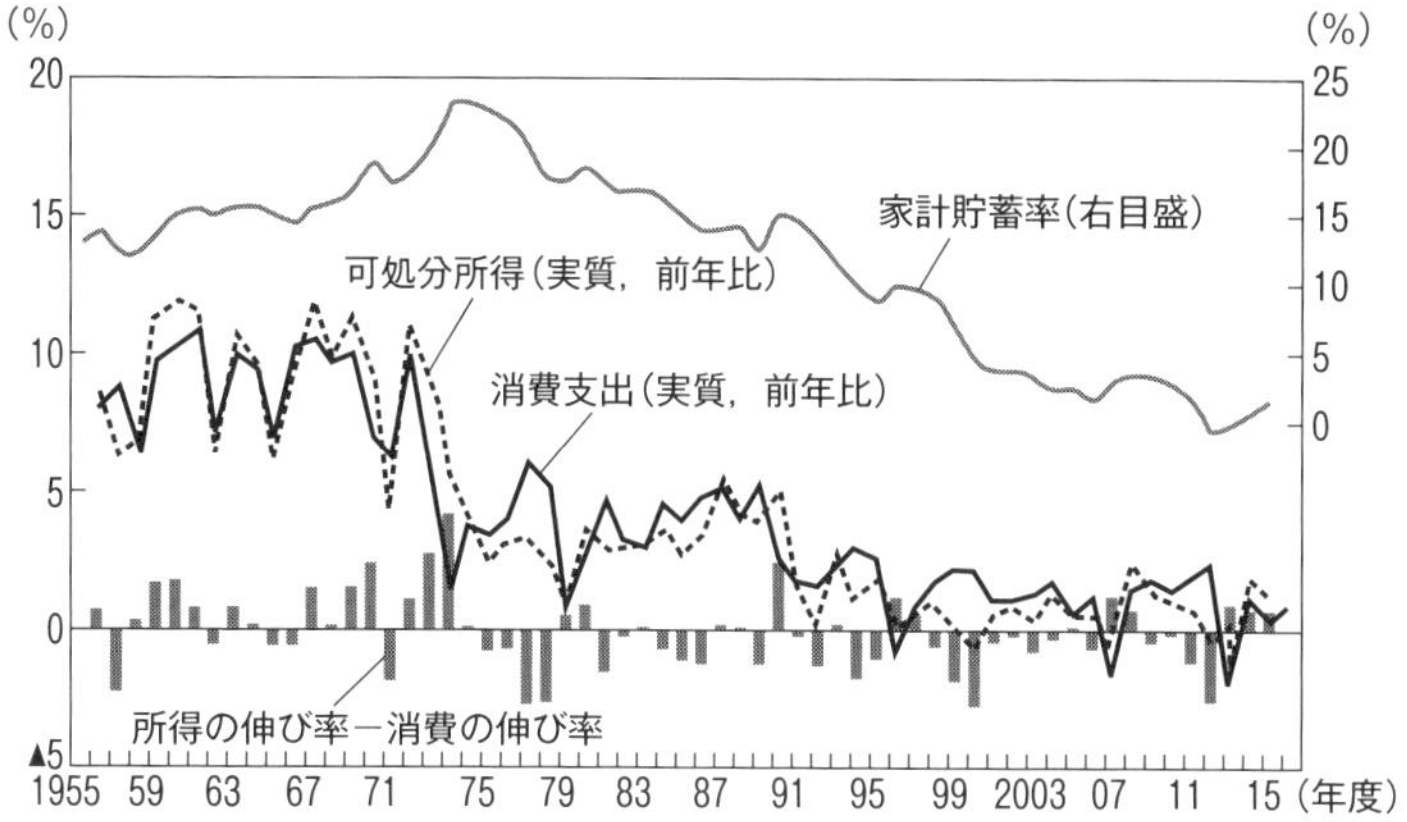

(注) 1980年以前は68SNA、81年～93年は93SNA、94年以降は2008SNAによる。93SNA以降の数値は消費は現実最終消費支出、所得は調整可処分所得＋年金基金準備金の変動。2017年度は参考値として民間最終消費支出のみ掲載
(出所) 内閣府「国民経済計算」より作成

図表5-8　消費と所得の増加率はともに低下し、貯蓄率も低下
出典：大守隆『日本経済読本』東洋経済新報社、2019年

二人以上勤労者世帯の可処分所得と消費支出の増減率（図表5－9）を示す。可処分所得は2013～2018年わずかしか増えておらず、消費について2013～2016年と減り、2017年わずかに増えている。

二人以上世帯の消費支出（1月平均）をみる。ほとんど増えていない。

'15	287（4月／月）
'16	282
'17	283
'18	287

民間投資の動きをみる。

国内総生産（支出例）における民間固定資本形成として、

年度	民間固定資本形成	うち住宅	うち企業設備

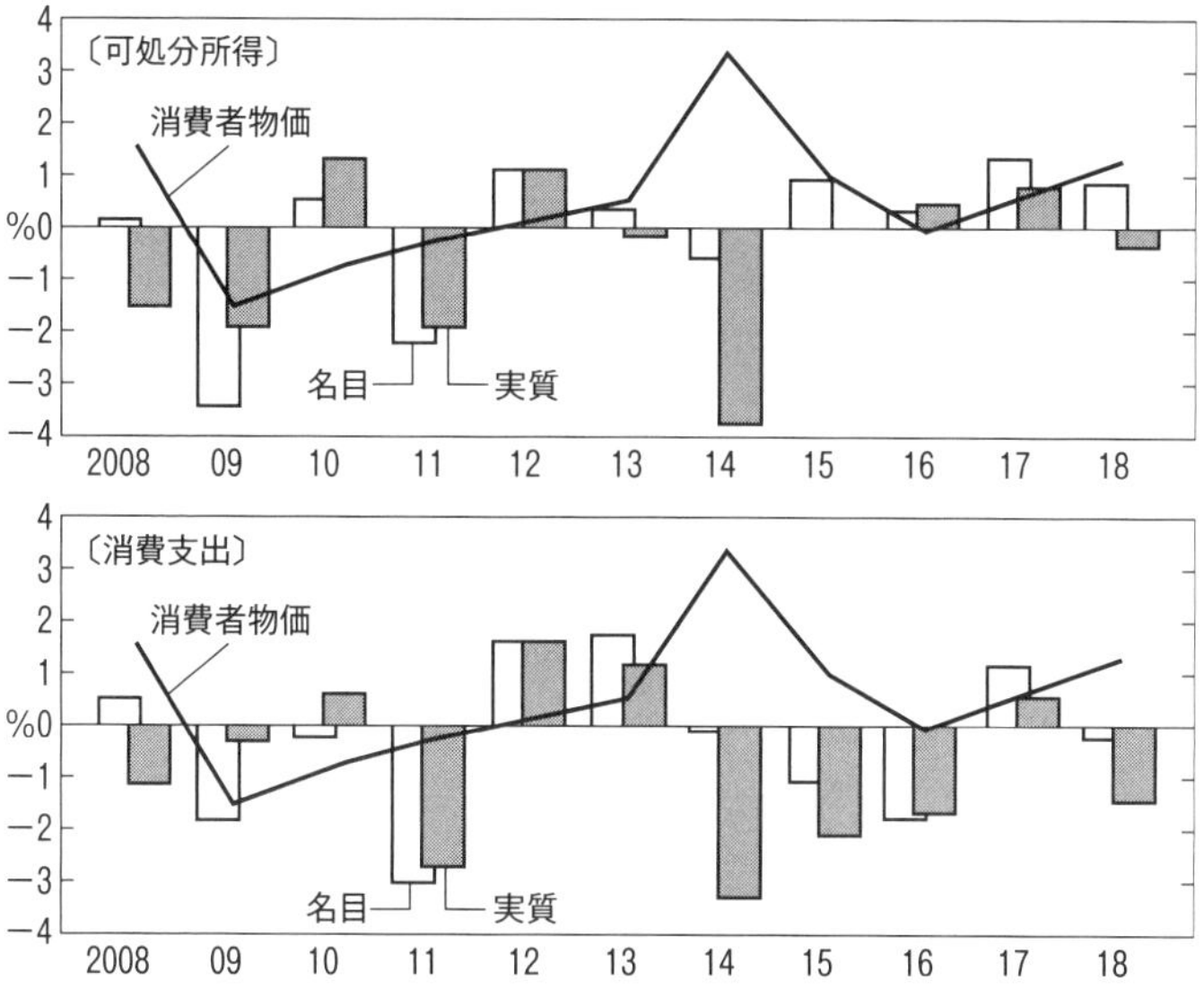

総務省「家計調査報告（家計収支編）」による。農林漁家世帯を含む。対前年増減率。消費者物価は帰属家賃を除く総合。2018年の増減率は変動調整値。

図表5-9　2人以上勤労世帯の可処分所得と消費支出の増減率
出典：『日本国勢図会 2019／20』矢野恒太記念会、2019年

'00	104（兆円）	21（兆円）	83（兆円）
'10	81	13	68
'15	99	16	83
'16	100	17	81
'17	103	17	86

産業中の工業についての概況をみる。

年度	事業所数	従業員数	製品出荷数	付加価値
'00	589（千社）	9（百万人）	303（兆円）	112（兆円）
'10	434	8	296	90
'14	397	7	307	92
'15	356	7	315	98
'16	367	7	305	97
16／10	0・84	0・87	1・03	1・07

図表 5-10　主要工業の概況

（単位：兆円）

		2000	2010	2014	2015	2016	16/10
金属工業	出荷額	33	39	42	42	39	1.0
	付加価値額	13	10	10	11	10	1.0
機械工業	出荷額	138	129	133	141	139	1.07
	付加価値額	45	39	42	45	44	1.12
化学工業	出荷額	23	26	28	28	27	1.03
	付加価値額	11	10	9	10	11	1.10
石油石炭製品	出荷額	9	15	18	14	11	0.73
	付加価値額	0.7	1	0.6	0.4	0.8	0.8
食料品	出荷額	35	33	35	38	38	1.15
	付加価値額	12	11	11	12	12	1.09
繊維工業	出荷額	6	3	3	4	4	1.33
	付加価値額	3	1	1	1	1	1.0

出典：『日本国勢図会 2019／20』（矢野恒太記念会、2019 年）より抽出

製品出荷額、付加価値額ともわずかであるが増えている。主要工業の動向をみる（図表5－10）。

ほぼ同様な動きである。工業の中では金属、機械、化学工業が大きな出荷額を占めている。併せて建設業の建設投資について'17－54兆円、'18－57兆円（見通し）である（1992年度の84兆円を大きく下回っている）。

輸出入について大きな動きはない。具体的数字を示す。

年度	輸出	輸入
'00	51（兆円）	40（兆円）
'10	67	60

'16	70	66
'17	78	75
'18	81	82

全体の景況感を示す。

・アベノミクスによって２０１７年度まで財政支出増→民間投資増→経済成長は起きていない。

・少子高齢化によって消費が増えていない。さらに非正規雇用者が約４割と増え、賃金も上がらず、消費も増えていない。

・２０１９年６月、二人世帯の年金受給者の消費と年金について月5.5万円不足で65歳から30年で約２０００万円の畜えが必要とされた。将来の年金が不安定で現役世代も高齢者も大きな消費をしない。

・国の借金（国債及び短期借入金）は２０１３年度末約９９１兆円。２０１８年３月末１０８７兆円と増えている（金子勝『平成経済衰退の本質』）。

・一方、法人企業の経常利益をみると大幅増である。

年度	製造業	非製造業	産業計
'10	15（兆円）	27（兆円）	43（兆円）
'15	23	44	68
'16	24	50	74
'17	28	55	83

企業利潤は積み上がり、きわめて増えている。「法人企業統計」によると、

２０１６年　４０６（兆円）

２０１８年３月４４６

とある。これには法人税減税、賃金の削減が作用している。逆に、法人企業の労働分配率２０１２年72％、２０１７年66％である。総資本経常利益率、自己資本比率は上昇している。企業は金があっても大きな投資をせず、企業利潤は増えている。

3　雇用の変化

（1）雇用の動き

１９９０年以降長期の景気後退が続き、雇用調整を行う企業が増えてきた。

２０００年代に入ると内需の低迷とともにグローバル競争が激化して企業は人件費の削減や正社員の抑制をしてきた。この動向を示す（図表５－11）。ここで労働力率＝労働力人口／15歳以上の人口。就業率＝就業者の人口／15歳以上人口である。併せて、そこでの給与の動きを示す（図表５－12）。ここで所定内給与は定められている労働時間に対して払われる給与。さらに賃金指数を

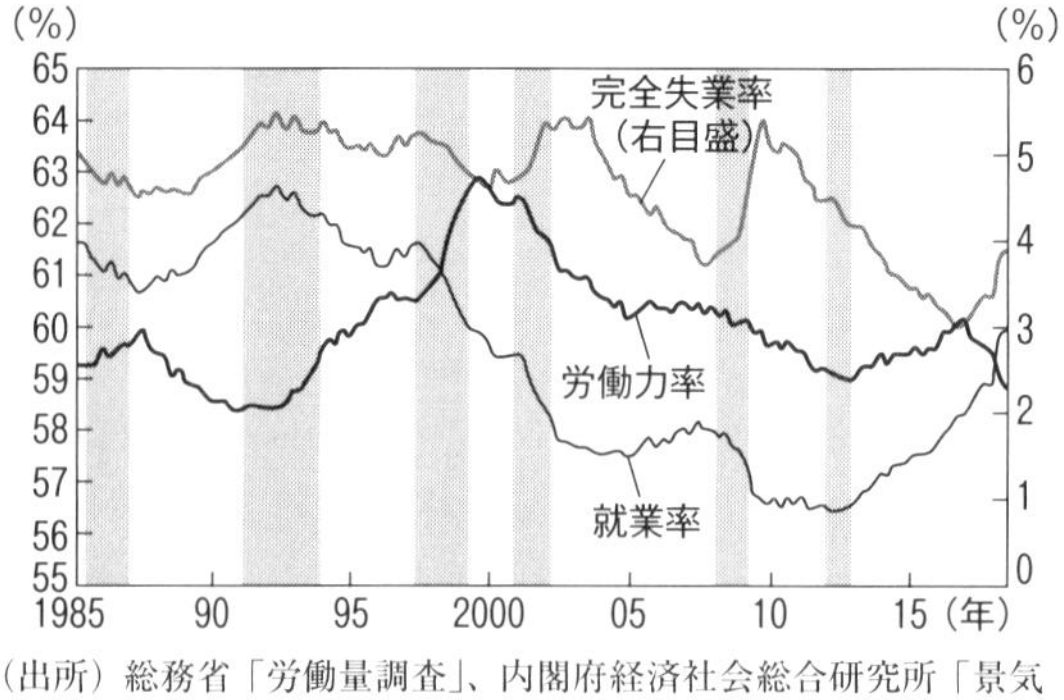

（出所）総務省「労働量調査」、内閣府経済社会総合研究所「景気動向指数」、網かけ部分は景気後退期。

図表５-11　主要労働指標の推移
出典：大守隆『日本経済読本』東洋経済新報社、2019年

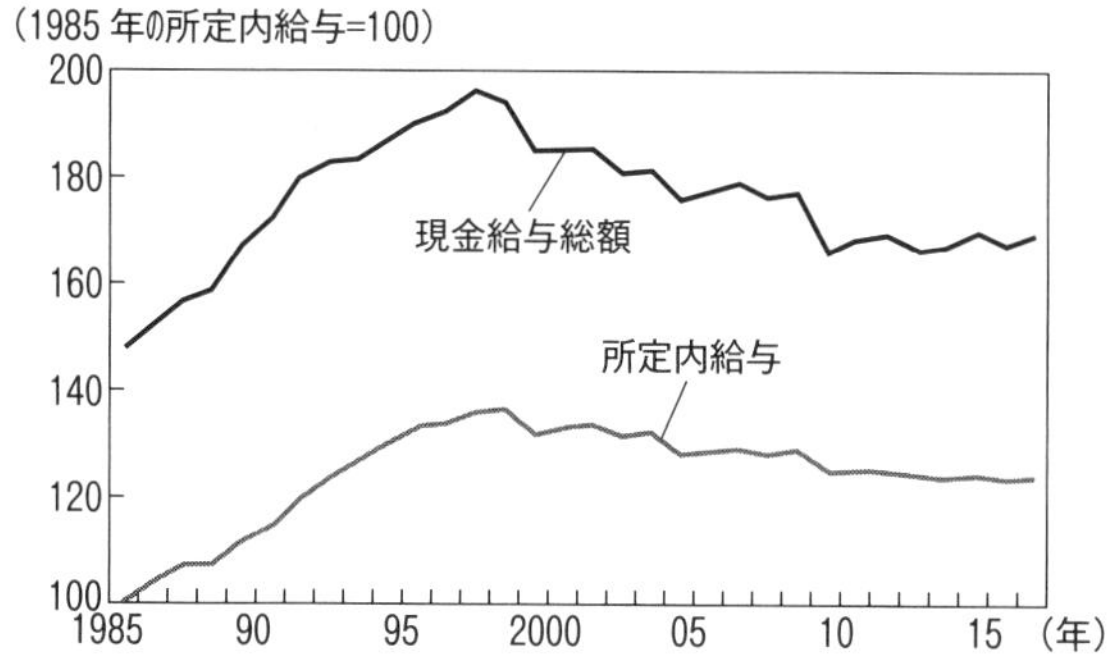

（出所）厚生労働省「毎月勤労統計調査」

図表 5 -12　給与の推移
出典：大守隆『日本経済読本』東洋経済新報社、2019 年

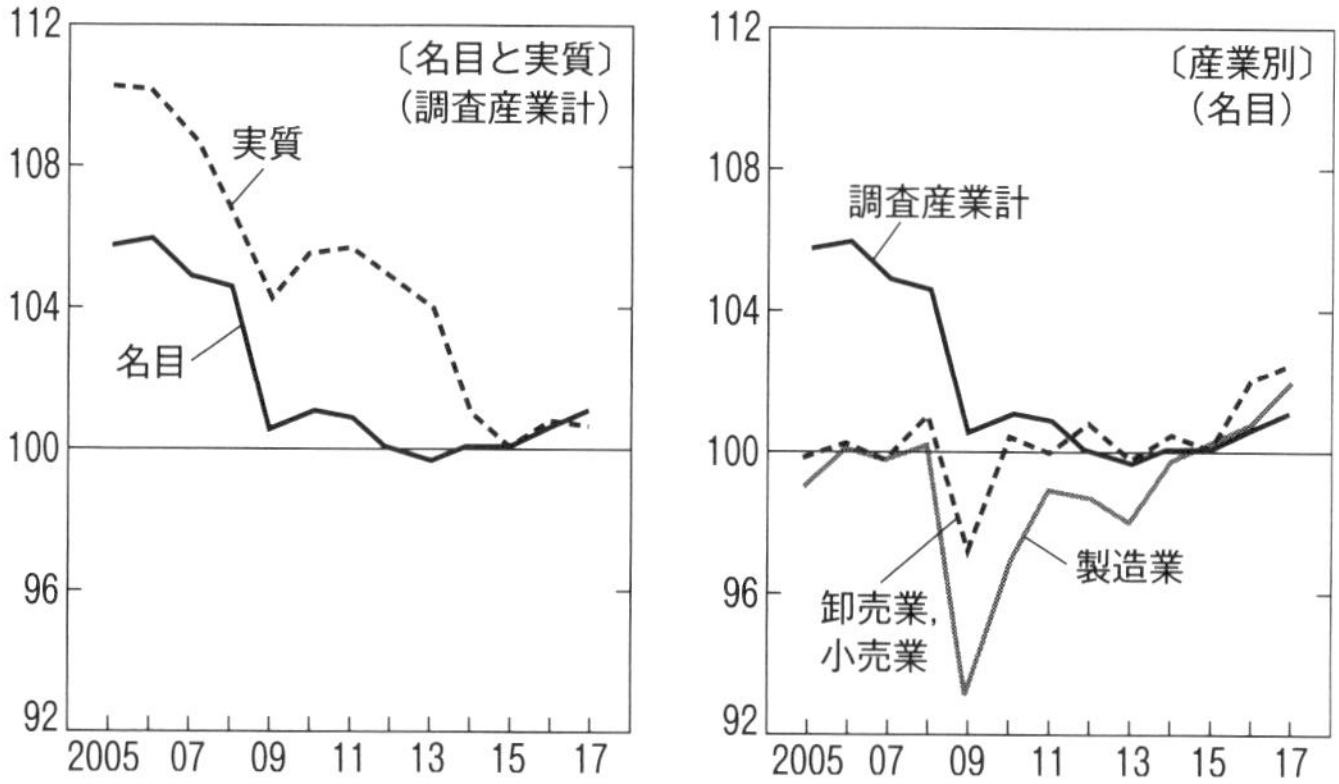

厚生労働省「毎月勤労統計調査」による。常用労働者 5 人以上の事業所。現金給与総額（所得税、社会保険料などを差し引く以前の総額のこと）の賃金指数。実質賃金指数は、名目賃金指数に消費者物価指数（持家帰属家賃を除く総合）を加味したもの。

図表 5 -13　賃金指数（2015 年＝ 100）
出典：『日本国勢図会 2019 ／ 20』矢野恒太記念会、2019 年

図表 5-14　雇用形態別雇用者数の推移　（単位：万人）

	2000	2005	2010	2015	2017	2018
役　員	364	400	370	348	349	330
正規の職員・従業員	3630	3375	3374	3317	3423	3476
非正規の職員・従業員	1273	1634	1763	1986	2036	2120
パート	719	780	853	964	997	1035
アルバイト	359	340	344	405	417	455
その他 1）	194	514	567	617	623	630
雇用者計	5267	5408	5508	5653	5810	5927

総務省統計局「労働力調査（詳細集計）」による。形態区分は勤め先における呼称によるもの。基本集計の約４分の１の世帯が対象であることなどから、基本集計の数値と一致しない。１）派遣写真、契約社員、嘱託など。

出典：『日本国勢図会 2019 ／ 20』矢野恒太記念会、2019 年

示す（図表５－13）。２００５年以降名目でも実質でもほとんど増えていない。実質賃金指数'15＝１００として'16－１００・８、'17－１００・６、'18－１００・８である。

(2) 非正規労働者の増加

はじめに雇用形態別の雇用者数の推移を示す（図表５－14）。２０１８年全体５９２７万人のうち、非正規は２１２０万人で約36％にもなる。過去の経緯をみるとその率が上がってきた。併せて正社員と正社員以外との給与差を示す（図表５－15）。

この非正規労働者の増加の背景は企業側の要因が大きい（大守隆『日本経済読本』第８章など）。

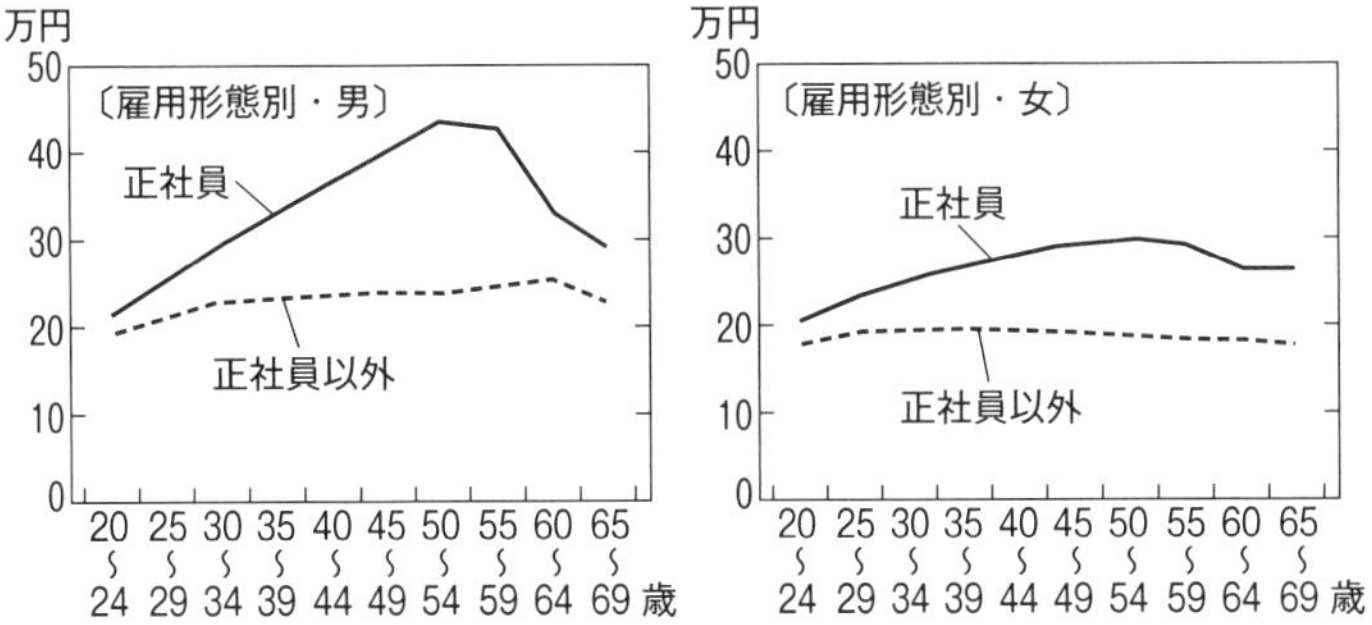

図表5-15　雇用形態別賃金（2017年6月）
出典：『日本国勢図会 2018／19』矢野恒太記念会、2018年

①非正規労働者の賃金が低いことや社会保険料の負担を小さくできるため、経費の削減ができる。景気変動にも対応できる。

②環境やニーズの変化に対して即戦力として多様な専門的能力を持った派遣社員を活用できる。いいかえると多様な人材の活用である。しかし、企業側の理由である。

③正社員は解雇ができにくい。そのため正社員をさけたいとする経営側の理由がある。
中でも大きな動きは労働基準法の規制をはずして派遣労働者制度を作り、労働力を弾力的に受けいれることを可能にしてきた。

正社員と非正社員の待遇条件の差をみる。

・1990年代後半以降、もともと非正規労働者が多かった小売業、飲食サービスなどに加えて、製造業にも請負労働者、派遣労働者の活用が広まった。
・その割合が4割近くになっている。
・賃金と労働条件の格差が大きい。就業時間の長さによっては社会保険の適用除外もあり、報酬に大きな差が生じる。社会保険のうち、厚生年金については退職後も大きな影響がでる。
・非正規社員は研修や能力向上機会が恵まれない。
・正規社員と同様な働きをしても、大きな処遇のちがいがある。
・大卒後の正規社員と非正規社員との差として生涯賃金でみると、3倍の違いが生じるとする試算もある。
・非正規社員は雇用がきわめて不安定であるだけでなく、給与も大きく上がることはない。

図表 5-16　労働者派遣法の制定及び改正経緯

年	法律・政令	改正内容等
1985	労働者派遣法	・職業安定法により禁止されている労働者供給の一部を労働者派遣事業として適正化 ・常用代替のおそれの少ない、専門的知識等を要する業務（13 業務）を適用対象業務に認定（すぐに 16 業務に拡大）
1996	労働者派遣法等の一部を改正する法律	・適応対象業務を 16 業務から 26 業務に拡大
1999	労働者派遣法等の一部を改正する法律	・無許可事業主からの派遣受入等に対する派遣先への勧告・公表の制度化 ・適用対象業務を原則自由化（禁止業務は建設、港湾、警備、医療、物の製造に限定）
2003	労働者派遣法・職業安定法の一部を改正する法律	・新たに対象となった業務の派遣受入期間の上限を 1 年に制限 ・26 業務以外の業務について、派遣受入期間を 1 年から最大 3 年まで延長 ・製造業務への派遣解禁（当初は受入期間 1 年、2007 年より 3 年） ・派遣労働者への契約の申込義務の創設

出典：「平成 23 年版労働経済の分析」厚生労働省
　　　伊東光晴『アベノミクス批判』岩波書店、2014 年

（3）労働者派遣法の制定

　1980年代以降、労働政策について二つの大きな動きがある。非正規労働者の増加と派遣労働者の出現である。非正規労働者については主婦が家計補助したり、学生アルバイト、定年後の人の労働などは以前からあった。しかし、主婦の場合別の収入があり、学生は将来定職の可能性があり、定年後の人では一定の年金があり、あまり問題がない。大きな問題は若く意欲があっても、正社員になれず派遣労働者になる人である。

図表5-17　労働者派遣制度の仕組み

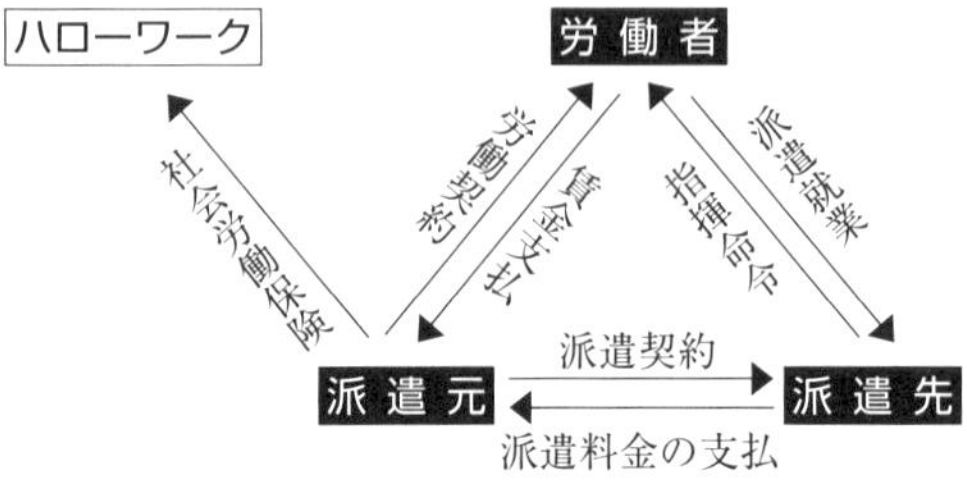

注１）派遣元は労働者派遣業務について厚生労働大臣の許可。
２）派遣が禁止されているのは港湾、運送業務、建設業務、警備業務など３つにすぎない。
３）派遣期間は最長でも３年である。すなわち、有期である。
４）労働者は派遣先の指揮命令に従うが雇用関係がない。すなわち間接雇用である。
５）雇用形態として正社員、契約社員、派遣社員、パート社員、アルバイトなどがあり、正社員との間に賃金格差があり、不安定である。

労働者派遣法の制定経緯及び制度の仕組みを示す（図表５－16、17）。

・西欧にも非正規雇用があるが、同一労働同一賃金が守られている。日本ではそうした仕組はない。

・日本では賃金を低く抑えるため、その一生の賃金は正社員の１／３ほどである。

・健康保険や年金も不十分になることが多い。年金に入らないこともある。

戦後労働契約の憲法といわれた職業安定法旧32条では「何人も有料の職業紹介事業を行ってはならない」とする。この条文は中間搾取を許した戦前の炭鉱労働や女工哀史の教訓から生まれたが、その骨抜きがなされ、多くの人材派遣会社が生まれ、所得不平等の拡大になってきた（伊東光晴『アベノミクス批判』第6章）。

その仕組みの中で重要なことは労働者は派遣先の指揮命令に従うが、労働契約がないことである。正規雇用は無期雇用、フルタイム、直接雇用が条件となる。二つのちがいは次のとおりである。

（正社員）

（派遣社員）

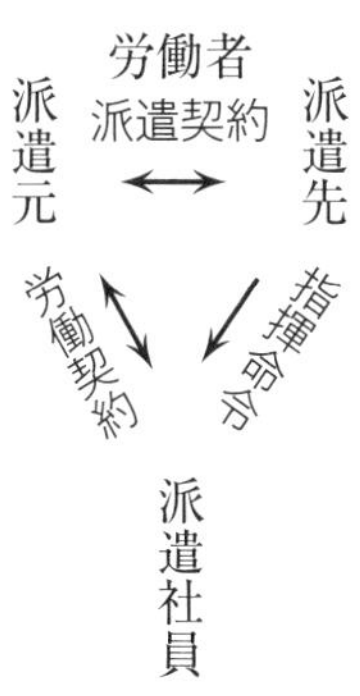

２０１４年には通訳や秘書などの専門26業種に限って期限派遣が許されており、他の業務も3年までとされていたが、業務区分を撤廃し、どの業種も企業が3年毎に派遣社員を交代させればずっと派遣に任せられるようになった。派遣社員からすると会社を替えて3

年雇用が続くことになる。その便利性は全て企業側の要請によることは明らかである。次のとり方はきわめて大切である。「日本では非正規雇用はアルバイト、家計補助、定年後の人に限られるべきで若い人であってはならない」（前掲書）。

（非正規労働の改善）

処遇の改善は各種なされてきたが、それぞれに問題が多い。

①非正規社員の待遇を上げる。しかし、結ばれた労働契約や賃金を改善することは少ない。使用者側の利害が通る。

②正規社員に企業内訓練を実施して職員の資質の向上をはかることが多い。しかし非正規社員にはその訓練を実施しないことが多く、資質の向上がなければ賃金も上がらない。

③欧州では「同一労働同一賃金」や「合理的理由のない不利益取扱い禁止原則」が徹底

されている。しかし、日本ではその取扱いが徹底されていない。

④待遇の改善をするため有期雇用を無期雇とする改革がなされてきた。２０１５年の「労働者派遣法」の改正において派遣の受け入れを3年を上限とされた。それ以上の雇用をする場合には無期雇用としなければならない。しかし無期雇用をさける雇用主は期限を超える場合解雇する場合が多い。雇い止めである。

⑤無期雇用となっても十分な待遇が得られるとはかぎらない。形だけ正規で賃金が安く厚生年金無加入のケースもある。名ばかりの正社員である。

これらの問題の解決には派遣労働そのものを根本から問う必要がある。若く大きな潜在力を持つ人を大切にしない企業に大きな経済成長や技術改革はない。技術改革は真剣に全力を注いで達成されるもので、人を大切にしない企業は大きく伸びない。国からの「同一労働同一賃金」の呼びかけのみでは解決が困難であり、その言葉のみがいわれるばかりとなる。

（4）労働時間規制の緩和

労働基準法では1日8時間、週40時間を基準とする労働時間とし、これを超えるものについては労働基準法36条（サブロク協定）により労使協定で定める。

（a）時間外労働の上限

一つの案として原則45時間、年360時間とする。繁忙期の例外として年間の上限を720時間、1カ月あたりの上限も単月100時間未満、2〜6カ月平均で80時間とする。例外が許されるのは年間6回とする。

この単月100時間、2〜6カ月平均80時間が長時間労働の対策として有効であるかである。いいかえると、この時間とすれば各種の過労死を防げるかどうか。過労死、過労自殺の家族からはそれで過労死などを防げるか疑う意見が多い。

（b）高度プロフェッショナル制度（高プロ）

専門職で年収が高い人（一つの例として1075万円以上）は一般労働者に適用される労働時間の規制がなくなる。さらに時間外労働の割増賃金だけでなく、休日、深夜労働、休憩などの規制もなくなる。その結果、時間でなく成果で評価する制度とする。考えられている業務として金融商品の開発、ディーリング業務、アナリストなどがある。その実施にあたり、

・労働時間規制にかかわる健康管理措置が求められる。
・年収条件
・この職種でも一定の休憩時間の規制が必要になる。
・本人の同意が求められる。

これらの規制がきちんとなされるか疑いがあり、高プロ制度そのものを問う必要がある。

（c）裁量労働制

実際に働いた時間でなく、あらかじめ労使で決めた時間だけ働いたとみなす制度である。労使で1日9時間とすると、1日10時間働いても1時間分しか割増賃金が支払われない。業種として専門型のもの（新聞記者、弁護士など）と企画業務型（経営中枢での企画や調

査）がある。

定額での働かせ放題にならないか、つまり残業代を気にせずに働かせる制度にならないか、大きな疑問がある。

雇用の不安定や病人や過労死などの増加では社会の安定も経済成長もない。派遣労働そのものと労働時間のあり方についてその根幹を検討すべきである。人間を道具のように扱っては豊かな社会はない。

（d）働き方改革

働く人を増やし、賃金を上げる方向にあやまりはない。しかし、その時雇用条件と労働時間の規制は大きな論点である。このとき正規雇用は無期、フルタイム、直接雇用であり、それと異なる制度を検討し、長すぎる労働で人間の生命や健康を破壊しては豊かな社会はない。真の労働政策が求められる。

4　人口の減少と経済成長

過去の人口と経済成長との関係が示される（吉川洋『人口と経済成長』第2章）。

（高度成長期）

1955（年）　GDP47・2（兆円）　労働力人口4230（万人）

1970　（実質）187・9　5170

年平均成長率　9.6％　1.3％

（第一次オイルショック〜バブル終焉まで）

'75　GDP234・2（兆円）　労働力人口5344（万人）

'90　（実質）463・2　6414

年平均成長率　4.6％　1.2％

図表 5-18　人口と GDP の関係

	人口（百万人）	GDP（実質、兆円）	GDP ／人口
1960	93.41	73	0.78
1970	103.72	190	1.83
1980	117.06	287	2.45
1990	123.61	453	3.66
2000	126.92	464	3.65
2010	128.05	493	3.85
2015	127.9	517	4.06
2016	126.93	521	4.10
2017	126.70	531	4.18
2018	126.44	540（推定）	4.27（推定）

（注）GDP ／人口は 2018 年まで上がっている
出典：『日本国勢図会』矢野恒太記念会、2018 ／ 19、2019 ／ 20

ここで、労働力人口は大きく伸びていないが、GDPはきわめて大きく伸びている。労働生産性の伸びが大きく作用している。高度成長は労働生産性の伸び（9.6％－1.3％＝8.3％）によった。同様にしてオイルショック以降では労働力人口の伸びが低下したのでなく、労働生産性の伸びが8.3％から3.4％（＝4.6－1.2）へと低下したためである（前掲書）。

高度成長期の特性として次の3点が挙げられる。

・1950年代は一次産業従事者が多かったが、都市の工業が大きな伸びを示した。
・三種の神器（テレビ、冷蔵庫、洗濯機）の需要が拡大し、人口の増大も生じた。
・都市サラリーマンが増えるだけでなく、賃金も上昇した。

2010~2017年の人口とGDPをみる（図表5－18）。GDP／人口は増えている。

	人口	GDP（実質）
'10	128・05（百万人）	493（兆円）
'17	126・70	531
比率	0・98	1・07

ここでいえることは人口減であるが、GDPは増えている。この細目をみる。労働生産性（投下される労働投入量あたりの産出量）をみる。'15＝100とする。

	製造業	情報通信	運輸郵便	卸売	金融業	建設等
'10	99・1	91・6	91・8	109・7	82・5	91・5
'17	101・7	100・1	100・3	98・5	99・0	98・1
17／10	1・02	1・09	1・09	89・7	1・2	1・07

全体的に労働生産性が上昇している。

法人企業の付加価値、労働生産性（従業員1人あたり）をみる。
'12　付加価値272（兆円）　労働生産性666（万円）
'17　付加価値311　労働生産性739

ここで改めて経済成長と人口との関係を考える。経済成長の源泉は①資本蓄積②労働③技術進歩である。

①について一定の蓄積があり、それが生産設備の拡大に回らなければならない。ケインズ的にいえば資本の限界効率が確実に見込まれ、高いことである。貯蓄については企業は十二分にあるとみる。そこで投資の拡大が実施されるためには技術開発が求められる。

②の労働力は基本的には生産年齢人口比率が大きな鍵をになっている。しかし、その比率について'15－60・8％、'25－58・5％、'35－56・4％と確実に減少する。その減少

を補う技術開発と現役労働者が適正な労働条件のもとで十分働いてもらわなければならない。非正規雇用はさけるべきである。

③の技術開発はいうまでもない。あとでまとめて述べる。

人口と経済成長の関係として、

（GDP／人口）＝（GDP／労働力人口）×（労働力人口／人口）

となる。ここで「労働力人口／人口」は減っているのでそれを上回る「GDP／労働人口」の増大が求められる。これらを一般化すれば、次のようになる。

・「一国経済全体で労働生産性の上昇をもたらす最大の要因は新しい技術や機械を導入する資本設備と広い意味での技術進歩、すなわちイノベーションである」（吉川洋『人口と日本経済』第2章）。

・このとき全体人口減少や生産年齢人口は大きなマイナス要因であるが、生産性向上が大きな成長要因となる。過去の日本の経済からも実証される。

・働く人々の雇用条件を上げる。長時間労働や悪い雇用条件では過労死や病気が増えるのみである。

・政府側として技術援助や教育補助が望まれる。このとき巨額財政赤字や年金不安ではマイナス要因である。

・消費を高めるようにする。消費税は逆進的であり、今の所得税や法人税では格差を拡げる要素がある。

シュムペーターは技術開発について五つのケースを示した。

・新しい財貨の生産
・新しい生産方法
・新しい販路の開拓
・新しい供給源の獲得
・新組織

さらに「創造的破壊」を示した。この教訓は大きな道しるべとなる。

現代の日本経済について新動力の開発（天然ガスやコンバインド・サイクル発電）、自動化、人工知能、電気自動車、自動走行自動車、スマホ、ロボット、再生医療などがある。自然界で分解されないプラスチック、分解されない容器を利用しないこと、ポイ捨てしないことがある。

エネルギー利用について次の事実がある。

・電力はきわめてムダが多く、効率の悪いエネルギー利用である。水力発電や地熱発電を除いて、その非効率性を十分知ったうえで利用する。例えば原発のエネルギー効率は約33％であり、残りの67％は熱として自然界に捨てられる。コンバインド・サイクル発電でも60％ほどである。

・コンバインド・サイクル発電や天然ガス利用の電力利用をする。

・原発は単価が高く、放射性廃棄物の毒性はなくせず、地震などの災害ではとりかえしのつかない事故を生じる。即時廃炉する。高速増殖炉（もんじゅ）は毒物そのものであり、炉の耐用年数内での増殖はない。単価も高い。

・太陽光発電の単価が高いのは施設の取得に大きなエネルギーロスを生じており、耐用年数は約20年と短く、昼間のみの発電であり電力が不安定で、安定化する大型の蓄電池もできていない。その制約をふまえて導入していく。

・水素エネルギーのもとは石油や天然ガスである。水素利用後に水が生じるのみで害が少ないとしないで、全ての利用プロセスでエネルギー効率を検討したうえで利用していく。水素を貯える貯蔵所にも巨額投資が求められ、水素は化合力が強く爆発しやすい。燃料電池も効率が悪い。

・これらの事実のうえでより良いエネルギー利用をする。さらに車や飛行機も利用しないで生活できればさらに良い。

さらに全体の経済をみると、異次元金融緩和で巨額赤字をごまかし、賦課方式による年金収支も不安定である。さらに所得税や法人税は格差を拡げる面がある。これらの欠点を直すことも大きな成長に不可欠である。

労働生産性の向上をもたらすものとしてＡＩ（人工知能）がある。

・ＡＩは人間の能力を高め、一部の分野では人間にかわって大きな能力を発揮する。
・人々が得る所得は労働による分と機械の稼動による分とが合計される。
・その導入の中で、ピケティが『21世紀の資本』の中でのべられたように労働分配率が下がり格差も拡げるとする。生産組織の中でその欠陥をなくすようにする。政治の労働政策も重要である。

新技術を抽出する（『日本国勢図会２０１９／２０』）。

・次世代自動車（ハイブリッド車、電気自動車、燃料電池車など）国内販売台数として'15－1.0百万台、'16－1.4百万台、'17－1.6百万台
・半導体製造装置、'15－1.2兆円、'17－1.8兆円、'18－2.0兆円
・産業用ロボット（国内生産）'16－0.7兆円、'17－0.8兆円
・集積回路生産額、'17－2.6兆円、'18－2.7兆円
・コーピューター生産（本体）'17－0.6兆円、'18－0.7兆円

少子高齢化社会であるが、大きなイノベーションが求められる。同時に人々の生活を支える雇用や社会保障も充実させていく。

6章　破綻と社会保障財源不足をなくす

1　少子化対策

20年位前から次が生じ少子化となってきた。

・総人口が減り、生産年齢人口が減ってきた。
・合計特殊出生率が下がってきた。
・未婚率の増大、晩婚になってきた。

少子化をさけるには一つの政策で解決するものではないが、次が大切である。

・安心して子供を育てる環境を整える。保育所、幼稚園の整備。保育士の待遇改善。

・全ての若者が安定した定職につけるようにし、安定した収入が確保できるようにする。労働政策の抜本的見直し。安心して子供を生み育てられるようにする。

・どんな子供も一定水準の教育が受けられるようにする。奨学金や教育補助の拡充。

・児童手当の拡充。

根底には労働政策と社会保障の充実がある。子供は社会の宝であり、将来の希望である。

2 労働政策の改善

①派遣労働を抜本的に改める。

②非正規労働はアルバイト、家計補助、定年後の人に限定すべきである。若い人を派遣労働や非正規にしては社会の安定もなく、経済成長もない。若い人を大切にしない企業が大きく伸びることもなく、消費も拡大しない。

③長時間労働で病人をつくり過労死を増やしては社会の安定もない。

④最低賃金を１０００円以上にする。１２００円も考えうる。

⑤残業代を全て払う。

⑥介護、保育分野での賃金引き上げ、補助。

3　社会保障財源不足

（1）経費の急増

社会保障給付費の実績と予測を示す（図表6－1）。このうち、2015年と2025年の比較をする。

年度	医療	年金	介護	その他	計
'15	38・1（兆円）	54・0（兆円）	9・4（兆円）	13・8（兆円）	115・4（兆円）
'25	47・4	59・9	15・3	17・6	140・2
'25／'15	1・24	1・10	1・62	1・27	1・21

伸び率がきわめて大きく、中でも医療費と介護費の伸びが大きい。高齢化が作用している。

生産年齢人口の推移も'15－60・8、'20－59・1、'25－58・5、'30－57・7％と急激に減少している。

その制度上の特徴として次がある。若手人口が増え、高度成長期に官庁や大企業になされていた年金や健康保険が中小企業や農林水産業に採用されていった。その基本の方式は

図表 6-1　社会保障給付費の推移と予測　　（単位：兆円）

推移　　予測

	2010	2014	2015	2016	2018	2025	2040	40/18
医療	33.6	36.3	38.1	38.4	39.2	47.4	66.7	1.70
年金	52.2	54.3	54.0	54.4	56.7	59.9	73.2	1.29
介護	11.9	9.3	9.4	9.6	10.7	15.3	25.8	2.41
福祉その他	7.5	12.2	13.8	14.5	14.7	17.6	22.5	1.53
計	105.3	112.1	115.4	116.9	121.3	140.2	188.2	1.55

財源

社会保険料	58.5	65.2	66.9	68.9
国	29.5	31.9	32.5	33.2
地方	11.2	13.0	14.2	14.6
その他	10.4	27.1	10.2	18.2
計	109.6	137.2	123.8	134.9

						2019
一般会計 社会補償費		（当初） 30.5	（当初） 31.5	（当初） 31.9	（当初） 32.9	（当初） 34.0

出典：「朝日新聞」2018 年 5 月 22 日（政府資料記事である）
『日本国勢図会 2019 ／ 20』矢野恒太記念会、2019 年

国民皆保険と賦課方式である。これに公費負担がある。制度上の特徴を示す（鈴木亘『財政危機と社会保障』第3章）。国民皆保険、職業別の分立、賦課方式、過度の公費依存、高コスト体質、業界への参入規制がある。ここでの賦課方式の制約をみる。

（賦課方式）

　年金を例にする。2015年度で高齢者世代一人あたりの年金を180万円／年とすると現役世代の1人あたりの負担として、

　180万円×33百万人÷77百万人

「高齢世代／現役世代」としては、次のようである。

'15	'20	'25	'30	'35	'40	'50	'60
0・43	0・48	0・51	0・54	0・58	0・65	0・72	0・73

このため、時代とともに現役世代の負担が増える。2015年では現役世代1人で0・43人を支えるが、2060年では0・73人を支えることになる。政策はきわめて限られてくるだけでなく、いずれも容易でない。政策例として保険料の引き上げ、給付の削減、公費拡大、経済成長をはかり保険料や税収を高めるなどがある。

検討する前に2019年6月に発表された厚生年金不足2、000万円問題をみる。金融庁審議会によると、高齢者夫婦二人、無職の実支出26・4万円に対して実収入は20・9万円であり差引△5.5万円で30年間では5.5×12×30≒2000万円。この額が不足する。この年金の報告にはもれている重要なことがある。

①厚生年金は65歳から支給されるが、非正規の人たちには厚生年金に入れない人がいる。

自営業と同じ国民年金に入って、月額16、000円を払っても、受け取る年金は月約65、000円。しかし、その65、000円では退職後の生活ができにくい。その生活をどうするか。

②雇主側は国民年金にして事業主負担をさけるため、厚生年金に入れず、国民年金に入れることが多い。

③雇用者全体5、000万人のうち、厚生年金の条件を満たさず、年金に入れない人が約2割ある。他の社会保障費の支弁が求められる。

④女性で結婚せず、非正規雇用であれば老後資金が不足する。

これらの定年後の生活を支えるのが生活保護である。

生活保護受給世帯は2018年度で約163万世帯、そのうちの高齢世帯は54％にもなる（「朝日新聞」2019・6・26）。2018年の実定員では209万人、2016年の

図表 6- 2　年齢別人口推移　(単位：百万人、%)

	全人口（百万人）	15 歳～ 64 歳		65 歳以上		人口比率
		比率（%）	人口（百万人）	比率（%）	人口（百万人）	
1950	83	59.6	49	4.9	4	0.08
1960	93	64.1	59	5.7	5	0.08
1970	103	68.9	70	7.1	7	0.10
1980	117	67.4	78	9.1	10	0.13
1990	123	69.7	85	12.1	14	0.17
2000	126	68.1	85	17.4	21	0.25
2015	127	60.8	77	26.6	33	0.43
2020	125	59.1	73	28.9	36	0.48
2025	122	58.5	71	30.0	36	0.51
2030	119	57.7	68	31.2	37	0.54
2035	115	56.4	64	32.8	37	0.58
2040	110	53.9	59	35.3	38	0.65
2050	101	51.8	52	37.7	38	0.72
2060	92	51.6	47	38.1	35	0.73

（注）（65 歳以上／ 15 ～ 64 歳）の比率は急激に上昇する。
出典：『日本国勢図会 2019 ／ 20』矢野恒太記念会、2019 年

生活保護費約3.9兆円にもなる。この支弁をどうするか。

これらの低所得者の生活も支える必要がある。年金のみでなく、社会保障全体の収支の安定が求められる。しかし、それが不確実である。

(2) 年金収支

人口の長期推計から年齢別人口推移（図表6－2）を示す。2015年で180万円の年金のための現役世代の負担は77万円、2040年では、

180×38÷59＝115万円

（2015年との比1・49倍）

となる。つまり「高齢世代／現役世代」の比率に応じてその負担が急増する。このため積立方式も提案される。しかしそれは自分の老後の年金を自分で用意することになる。40年間（60～20歳）の蓄積で23年間（83～60歳）を支えることになる。その比は23／40＝0・58であり現役世代の1年で老後の0・58年の資金を用意することになる。そのうえ、現行の賦課方式による資金も用意しなければならない。

賃金が高く、しかも長期に安定的であることが求められる。

（財政検証）

２０１９年８月27日、年金の財政検証が発表された。その概要を示す（図表６－３）。ケース①～⑥に分けて現役世代の平均年収との比率を示す。モデル世帯（夫婦二人）では22万円、所得代替率61・７％とする。比率に比例して年金が下がる。

国民年金の保険料月1.6万円、40年納めると年金は6.5万円。厚生年金の場合、働き手の保険料は月0.8万円～5.7万円であるが、モデル世帯（会社員の夫と専業主婦）の場合22万円ほどになる。この仕組を示す（図表６－４）。それぞれ代表的なケースである。

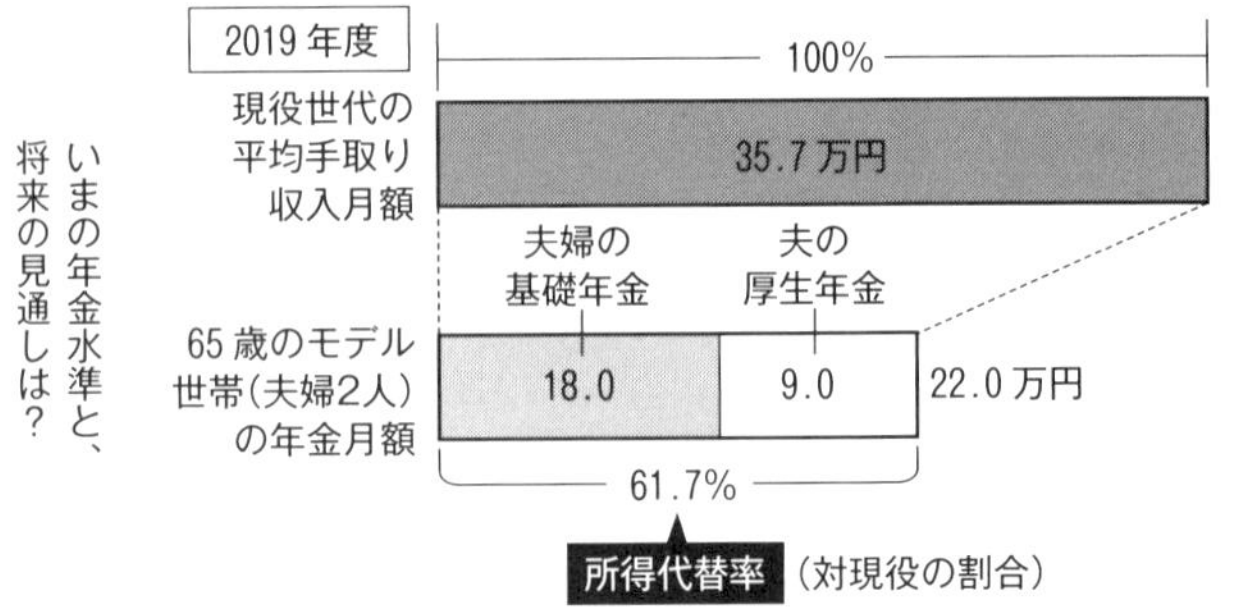

	所得代替率	年金水準引き下げの終了時期	ケース④～⑥は50%を下回っても制度改正せず，機械的に水準引き下げを進めた場合
	61.7%		
ケース①	51.9%	2046年度	経済成長と労働参加が進むケース
ケース②	51.6%	2046年度	
ケース③	50.8%	2047年度	
ケース④	46.5%	2053年度	一定程度進むケース
ケース⑤	44.5%	2058年度	
ケース⑥	36~38%	――	進まないケース

（注）

	物価上昇率	賃金上昇率（実質）
ケース①	2.0%	1.6%
②	1.6	1.4
③	1.2	1.1
④	1.1	1.0
⑤	0.8	0.8
⑥	0.5	0.4

図表6-3　経済ケース別の年金水準低下例

出典：「朝日新聞」2019年8月28日

（注）所得代替率とは65歳モデル世帯（会社員の夫と専業主婦）が受け取る年金額と現役世代の平均年収との比率である。

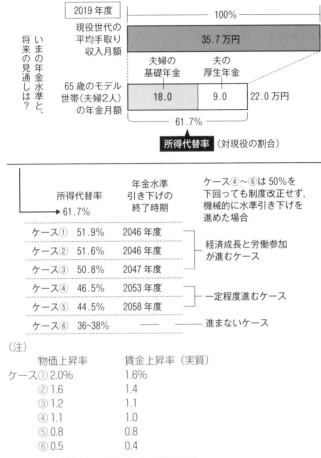

財政検証における財源面では、次が挙げられる。

・積立金をとり崩す。
・基礎年金の半分は税で賄う。
・国民年金月1.7万円。
・厚生年金　標準報酬×18・3％（労使折半）。

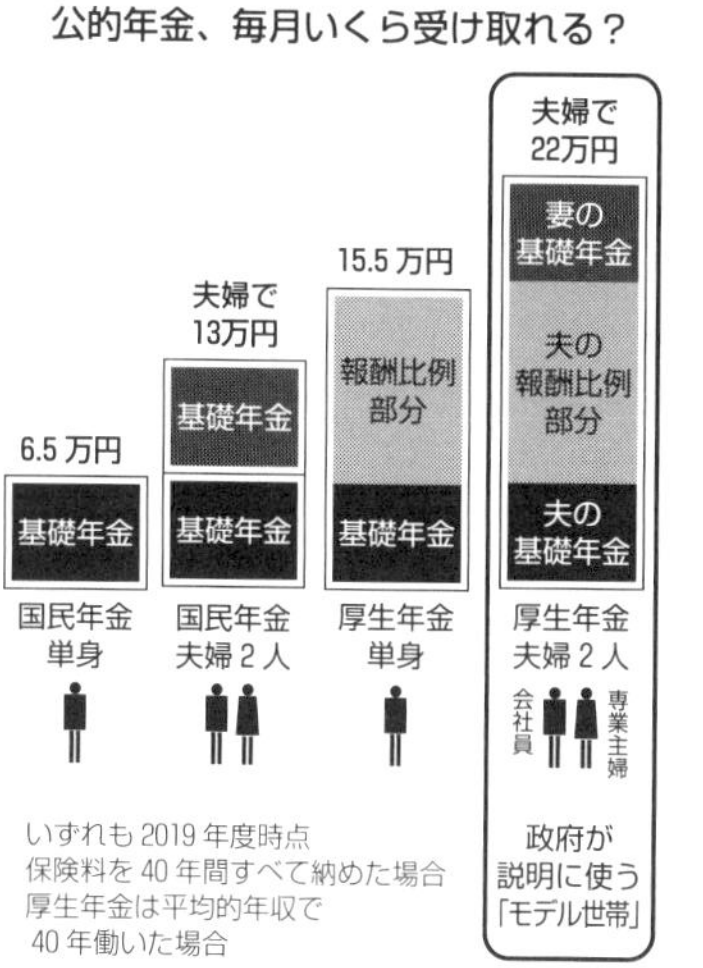

図表6-4　公的年金の毎月の受け取り額
出典：「朝日新聞」2019年8月28日

支給面はマクロ経済スライドにより、年金の伸びをおさえる。ただし、現役世代の平均年収の50％を下回らないようにする。

ケース③では、
物価上昇率1.2％、賃金上昇率（実質）1.1％
2019年度の満年齢と所得代替率として次のようになる。

65歳	60歳	44歳	37歳	24歳
61・7％	60・2％	53・6％	50・8％	50・8％

（ここで、年齢が下がると代替率が下がっている。現役世代と高齢世代の人口比が作用している）

これに加えて関連の収支改善の方策として、次が挙げられる。

・厚生年金についてパートの人を入れる。パートの人が厚生年金対象者となるためには月収8.8万円以上、週20時間以上の労働時間、従業員５０１人以上の事業所であること。これに対してその条件が満たせるか。事業主負担増をどうするか。問題は多い。

・基礎年金（国民年金）を満額受け取るには40年間納める必要がある。これを延長するのが現実的に可能か。45年間の納付ができるか問題である。体力的に可能か。

・厚生年金の支給年齢を70歳以上にする。これに対して、退職年齢は通常60歳であること。50歳～70歳で体力的に働けるか、適当な仕事があるか、問題は多い。

検証について一般的問題として次がある。

・現役世代と高齢世代の人口比をおりこみ年金の資金残高を入れた検証ではない。

・2014年度の検証と目立った改善はない。支給年齢を下げたり、高齢者の就労を促す内容になっている。その就労ができるか。

・年金に入れない人、入らない人のことをはっきりいっていない。このとき年金を補うのは生活保護である。その資金の支弁ができるか、社会保障費全体の財源の問題がある。最大の問題は公費支弁である。

・一番可能性のあるのは、低成長で賃金の上がらない⑤や⑥のケースである。このとき、受け取る年金は50%以下になる。それで生活できるか。最近の物価上昇率は0.5%ほどである。

・基礎年金が2~3割減少する可能性がある。このとき、高齢者の生活をどうするか。

・国民年金のみでも約700万人の低年金者がいる。その生活をどうするか。

・年金には補助金がある。財政赤字の中で支弁できるか。きわめて不確実である。

・支え手と就労を促すとするが、それを支える制度ができているか。例えば保育園の整備である。特に女性の就労が論点となる。

・保険料が増える人には、今の生活でもやっとの生活であるのに、負担増に耐えられるか疑問が生じる。

・異次元金融緩和には新規紙幣造発による国債の引き受けがある。これは大きなインフレ原因である。このとき年金が少し上がっても生活費は急増して年金で生活できない。

年金収支の安定化は保険料を増やし、年金を減らし、補助金を確保すること。これらの条件が確保できるのか大きな疑問がある。中でも巨額財政赤字で補助金そのものの確保が困難になっている。財政検証は年金のみにおわらない。

（年金収支改善）

改めて年金収支の改善を考える。

安定化のためには①保険料の引き上げ②給付額の削減③支給開始年齢の引き上げ④年金加入者を増やす⑤賃金引き上げ⑥公費の拡充⑦雇用の改善がある。

①についてその処理の困難さが示される（図表6－5、6）。家計の支出が減り、社会保

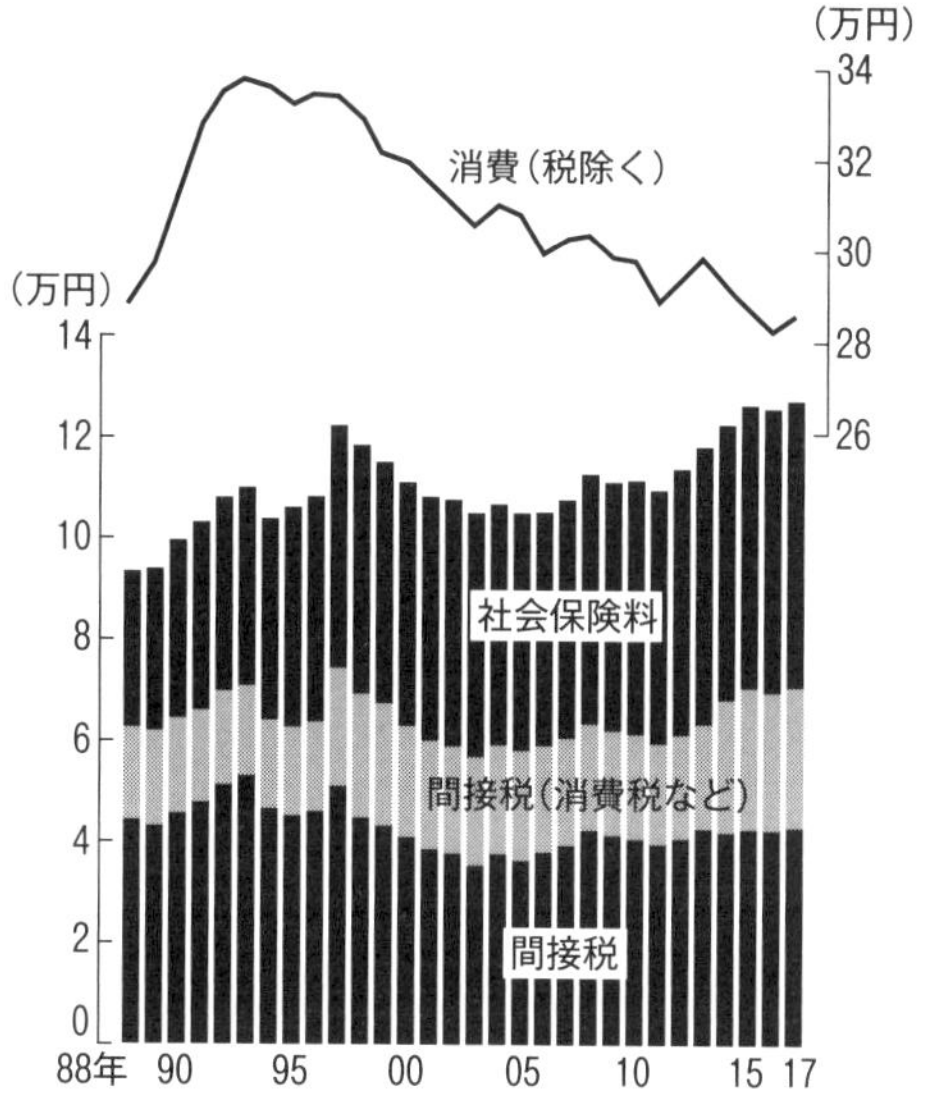

勤労者世帯（２人以上）の月平均。家計調査などをもとに大和総研が試算

図表6-5　平成の約30年で家計の支出はこう変わった
出典：「朝日新聞」2018年6月30日

険料の負担が増え、年収の低い人ほど負担が増えている。保険料引き上げで生活できるのか。

②給付額の削減について国民年金では困難である。通常の年金額が少額のためである。

厚生年金について高額所得者について一定額の削減は可能とみる。

しかし、一般的にみると、高齢者の収入等の実状をみる必要がある。実収入と年金をみると不足しており、別の方法で賄っている。

74歳（無職、二人世帯）の月収等をみる。

年	実収入	うち年金	不足分
'17	169（千円）	143（千円）	53（千円）
'18	183	159	43

貯蓄のとり崩しやアルバイトが推定できる。

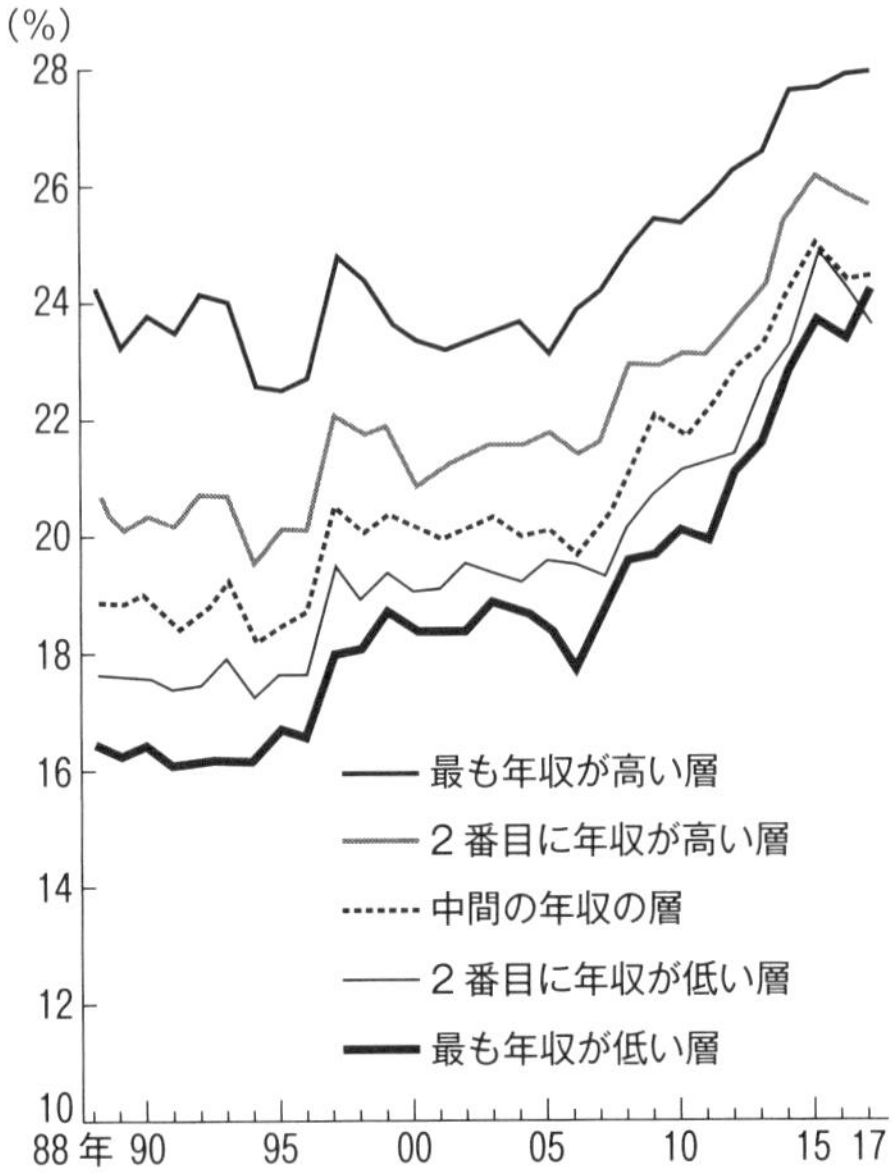

勤め先収入に占める税と社会保険料の負担合計額の割合。階層は、年収が多い順に並べて全体を５分の１ずつに分けた

図表6-6　年収の低い世帯ほど負担が増した
出典：「朝日新聞」2018年6月30日

表（図表６－６）でみたように、年収の低い人ほど社会保険料の負担は増大している。一定率の削減はできない。給付減で生活できず、他の社会保障費の支弁が求められることになる。

③支給開始年齢の引き上げ

例として70歳にする。しかし現在通常の退職年齢は60歳である。すると60～70歳での収入確得が必要になる。働ける体力があり、その勤め先があること、又は退職年齢を70歳まで引き上げるなどの問題がある。

⑤の賃金引き上げ⑦の雇用の改善はすでにのべたとおりである。

⑥の公費の拡充をみる。

２０１５、２０１６年の社会保障費の財源をみる（単位兆円）。

年度	社会保障給付費	保険料	国	地方	その他	財源計
'15	１１５	67	32	14	10	１２３
'16	１１６	69	33	14	18	１３４

ここで国の負担割合として約３割であり、その財源処理が求められる。

国債によることはますます財政赤字を拡大する。解決になっていない。

消費税については逆進的であり、社会保障の大きな目的である所得再分配の考え方とも合致しない。それだけでなく、その税は消費を削減して経済成長を低める。

さらに2012年度の「社会保障税一体改革」では消費税増収分を社会保障の充実に使うとしたが、実際に使われたのはその一部にすぎなかった。それだけでなく、同じ頃に法人税が30→25％に下げられ、消費税が法人税の減収を補う側面さえあった（伊藤周平『社会保障改革のゆくえを読む』第1章）。

残る財源は法人税と所得税である。法人税ではきわめて大企業優先のものであり、所得税については所得が一億円を超えると租税負担率が急に下がる。これを改善する。

年金についての改革は容易でない。しかし、次を提案する。
・公費（全額税）による最低保障年金。
現役世代の人口減にも対応する。

・社会保障方式の所得比例年金を上乗せする。事業主負担も求める。
・支給開始年齢を引き上げる。併せて労働法制を整備する。一つの案として70歳。
・公費の財源は法人税と所得税とする。
・現役世代の賃金を引き上げる。

加えて社会保障の経済的役割を確認しておく。その内容として年金、医療、介護、生活保護などがある。その政策目的として、次がある。

・貧困を予防する。なくす。
・所得の再分配をする。経済格差をなくす。
・生活を安定させる。
・経済成長をはかる。

経済成長の財政（均衡予算）の効果として財政支出増を△G、限界消費性向をaとする

とその乗数効果として、

$$\frac{1}{1-\alpha}\triangle G$$

となり、増税の効果は増税による消費削減が $-\alpha\cdot\triangle T$ であるのでそのマイナス効果として、

$$-\frac{\alpha}{1-\alpha}\triangle T$$

となる。均衡予算では $\triangle T=\triangle G$ であるので全体の効果は、次のようになる。

$$\frac{1}{1-\alpha}\triangle G-\frac{\alpha}{1-\alpha}\triangle T=\frac{1-\alpha}{1-\alpha}\triangle G=\triangle G$$

均衡予算の場合、その効果は1であり、支出増分がＧＤＰの増大となる。

社会保障費増分は1の効果として、財政支出増が経済成長を高める。全体の役割の中でも経済成長を高めることと所得再分配はきわめて重要であり、社会の安定にかかせない。このときの財源について、保険料と法人税、所得税の改革が求められる。保険料については「高齢世代／現役世代」が高まっていることに留意する。

社会保障経費の見通しとして急増する。

２０１８年　１２１・３兆円

２０２５年　１４０・２〜１４０・８兆円（比率１・15〜１・16）

先送りはゆるされない。２０２５年以降では団塊の世代が全員75歳以上になり、年金、介護、医療の費用が急増する。費用の急増と現役世代人口比率減がある。高度成長も期待できない。

(3) 医療制度

（a）医療介護費用の急増

表（図表４－11、12）より、２０１２〜２０２５年度にかけて総人口が減少するが高齢化（特に75歳以上）により、医療介護費が急増する。

さらに、75歳以上の医療費が半分近く、介護費については９割以上を占めている（島崎謙治『医療政策を問いなおす』第４章）。

具体的に２０１６年度の国民医療費42兆円について年齢別利用割合を示す。

0〜14歳	6（%）	2.5（兆円）
5〜44歳	12・5	5.3
45〜64歳	21・8	9.2
65〜74歳	23・2	9.7
75歳以上	36・5	15・3
計	100・0	42・0

（b）医療費の公費負担

医療費の約4割が公費である。この財源である消費税については逆進性があり、直接的に物価を上昇させるのでさけるべきである。

そのため、応能負担に基づく所得税や法人税を充てるべきである。

（c）医療制度の改革

・年金と異なり、積立金ゼロのほぼ完全賦課方式であり今後急速に増加するので将来立ちゆかない。保険料、自己負担率、公費などについて長期収支をみて抜本的に改善する。

・後期高齢者の自己負担率1割を検討する。その費用がきわめて大きく2割程度にする。

・高度診療の採用は医療制度全体の長期収支をみたうえで導入する。

・診療単価と薬価を根本的に見直す。

・終末期医療を明確にして、過度の診療をさける。家庭での診療も検討する。

・複数の病気を持つ人にはプライマリーケアを充実する。専門医でなく患者の身体と精神をみる総合診療をする家庭医を充実する。

・医療行為毎の出来高払いでなく治療対象とする病気毎の定額払いを一部の病気に採用する。

・医療における過剰なサービスをさける。

4　巨額財政赤字をなくす

憲法14条では「すべて国民は法の下に平等であって、人種、信条、性別、社会的身分又は門地により、政治的、経済的又は社会的関係において差別されない」とし、13条では個人の尊厳を規定し、29条では財産権をのべる。ここからの納税の基本原則は応益負担でなく、応能負担であり、各人が経済的負担能力に応じて税負担をする。そこでの考え方として、次を提案したい。

・高額所得者には高い負担。
・給与などの勤労所得には低い負担、利子配当など不労的要素の高い資産課税には重くする。
・最低生活のための所得や生存的財産には課税しない。

応能負担と一致しない税では一部の富裕者のみの所得を高めるのみで消費も増えず、格差も拡大する。消費が増えなければ大きな投資も実行されず、高い経済成長もない。

最近の賃金指数の推移（図表6－7）を示す。賃金が減っている。併せて民間消費の推移（図表6－8）を示す。同様な傾向である。

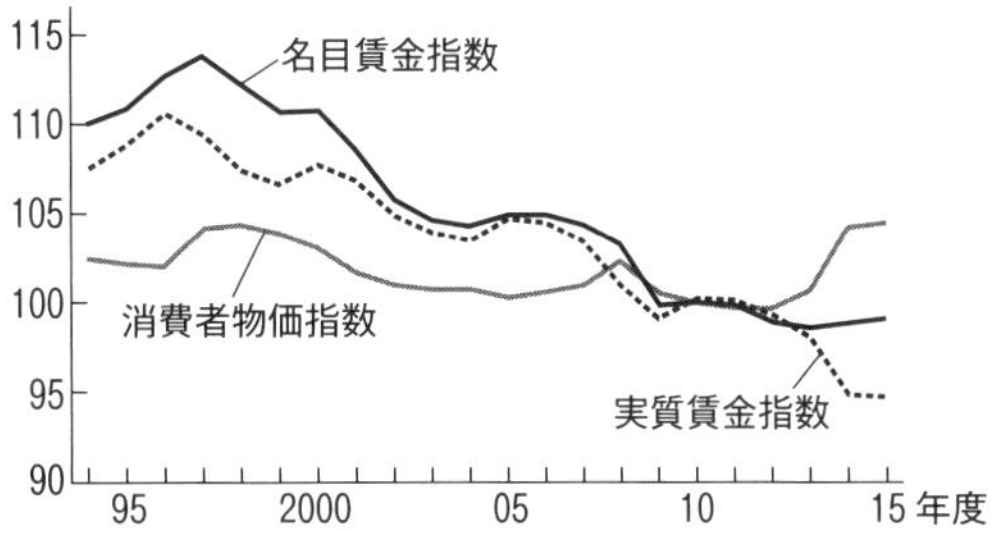

2010 年＝100 とする指数
資料：総務省統計局ホームページ「消費者物価指数（CPI）」、厚生労働省ホームページ「毎月勤労統計調査」

図表 6-7　名目賃金・実質賃金・消費者物価指数
出典：明石順平『アベノミクスによろしく』集英社インターナショナル、2018 年

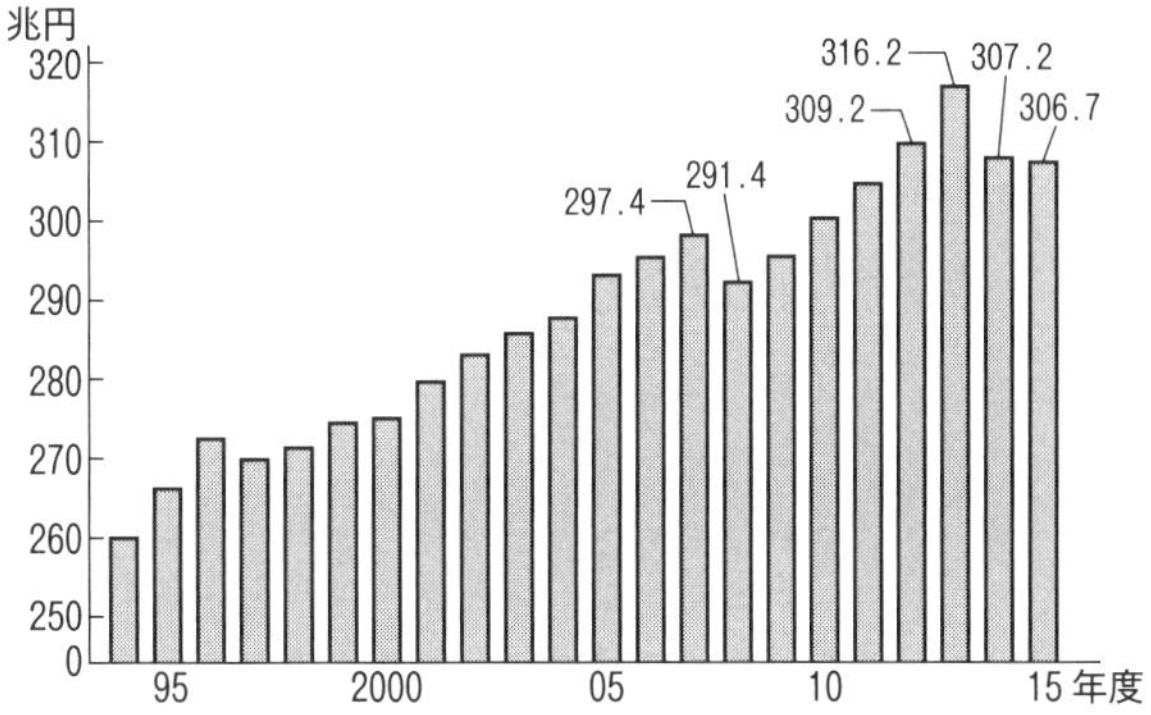

資料：内閣府ホームページ「国民経済計算（GDP 統計）」

図表 6-8　実質民間最終消費支出
出典：明石順平『アベノミクスによろしく』集英社インターナショナル、2018 年

（1）法人税

巨額財政赤字にかかわらず、法人税率を下げ、税収も減らしてきた。主な改善点を示す。

①法人税率

1998年34・5％、2018年23・2％と下げてきた。せめて1998年当時の税率にして超過累進税率をとる。法人所得額に応じて5～40％ほどの累進税とする。今のままでは大企業本位の優遇税制であり、資本金の大きい企業ほど負担が小さい。

②受取配当の益金不算入をとりやめる。

③引当金や準備金では確実に費用化されるものに限定する。

④法人税額の特別控除をとりやめる。

④さ損金の繰越控除をとりやめる。

さらに、法人企業の経常利益をみると、

2015年度　68（兆円）
2016年度　74
2016年度　83

このうちからの役員報酬と株主への配当が急激に増えている。役員の中には1億円を超える人もきわめて多い。一方、賃金指数（名目）をみると、'15－100、'16－100・7、'17－101・1、'18－102・5とわずかしか増えていない。

(2) 所得税

過去の推移をみると税率の刻みを少なくし、高額所得者の税率を下げてきた。一方、財政赤字は拡大一方である。

①税の刻みを多くして高額所得者の税率を高くする。累進率を高める。
②配当について20％であるが、一定額以上の所得の人については20％以上にする。

(3) 消費税

2019年10月の10％以上にしない。主な理由を示す。

・逆進的であり、所得再分配機能を弱める。
・物価を直接的に引き上げ、消費を削減する。
・非正規雇用の拡大につながる。
・簡易課税では一部の税が益税になる。

(4) 具体的増収増

改善による増収増を引用する(浦野広明『税が拡げる格差と貧困』第4章)。

受取配当金の益金不算入廃止	2.7	(兆円)
大企業の法人税の税率改定	7.6	
引当金、準備金の一部廃止	0.6	
試験研究費の税額控除廃止	0.5	
外国子会社受取配当金不算入廃止	1.2	
土地譲渡所得総合得税強化	1.2	
高額所得者所得税率改定	1.5	

（計）15・3

これらにより財政赤字と格差を是正し、併せて社会保障財源不足をなくす。

(5) プライマリーバランス

2018、2019年度当初予算をもとにして2019～2025年度のプライマリーバランスを考える表（図表6－9）を示す。

主な前提として、次の3点がある。

・2018、2019年度当初予算をもとにする。
・社会保障費増34・0－32・9＝1.1兆円／年。
・消費税1％あたり2.5兆円として'20－5兆円。

この試算は前提が簡単すぎるかもしれない。しかし、2025年度においてプライマリーバランスの回復はなく、赤字は増える一方となる。

図表 6- 9　長期財政収支試算　　（単位：兆円）

	2018（当初）	2019（当初）	2020	2021	2022	2023	2024	2025
支出	97.7	101.4	102.5	103.6	104.7	105.8	106.9	108.0
国債費を除く支出	74.4	77.9	79.0	80.1	81.2	82.3	83.4	84.5
収入								
税収	59.1	62.5	62.5	62.5	62.5	62.5	62.5	62.5
税収増			5.0	5.0	5.0	5.0	5.0	5.0
その他	4.9	6.2	6.2	6.2	6.2	6.2	6.2	6.2
国債	33.7	32.7	28.8	29.9	31.0	32.1	33.2	34.3
収入計	97.7	101.4	102.5	103.6	104.7	105.8	106.9	108.0
（税収＋その他）－国債費除く支出	△10.4	△9.2	△5.3	△6.4	△7.5	△8.6	△9.7	△10.8

（注 1 ）税収増　2020 年度諸費税増 5 兆円とする
（注 2 ）支出増　社会保障費年 1.1 兆円、他の経費は変わらないとする
（注 3 ）支出、収入とも今のままでは、プライマリーバランス回復ない
（注 4 ）2020 年度概算要求 104.9 兆円
（社会保障関係 32.6、防衛費 5.3、国債費 24.9）

最近の支出、収入をみる。（単位兆円）

社会保障費	'17－32・4	'18－34・0	'19－34・0（兆円）
国債費	'17－23・5	'18－23・3	'19－23・5
防衛費	'17－5.1	'18－5.1	'19－5.2（２０２０年概算要求24・9）
公共事業費	'17－5.9	'18－5.9	'19－6.9
国税収入	'17－57・7	'18－59・1	'19－62・5

（２０１９年度の国税収入増分は支出増に充てられているが、プライマリーバランスが少し改善している）

２０１９年７月31日、政府は国と地方のプライマリーバランス回復は高い成長の場合でも２０２７年度になるとした（「朝日新聞」２０１９年８月１日）。

２０２０年代の経済成長が２～３％のケースでも２０２５年度2.3兆円の赤字、２０２６年度も0.3兆円の赤字とした。参考図（図表６－10）を示す。しかし、２０２７年度でも今の財政のままでは黒字化はないと推定する。

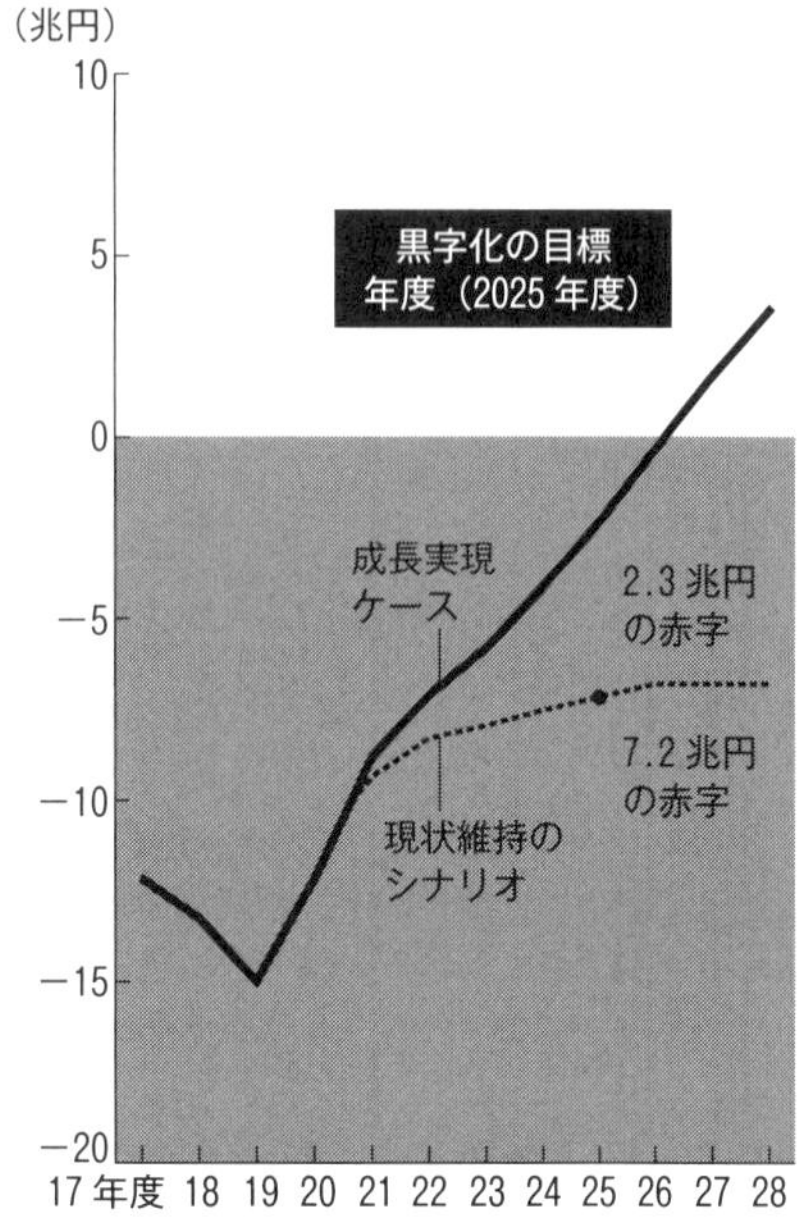

図表6-10　PBの黒字化の達成は遠のいていく
出典：「朝日新聞」2019年8月1日

今後について次が推定される。

・社会保障費増がさけられない。

・防衛費増がある。バイアメリカンの圧力があり、イージス・アショアの導入がある。中期防では２０１９～２０２３年度で防衛費27兆円とする。

・消費税増分５兆円もこれらの経費に充てられるとみる。

・国債費が急増する。

税収、支出の真に抜本的改革が求められる。高い経済成長も困難である。支出は収入あってこそである。国債調達には限界がある。

図表 6-11　2020 年度政府予算案

支出計	102.6（兆円）	
（主な支出）社会保障費	35.8	
防衛費	5.3	主なもの F35 A 3 機購入　281（億円） F35 B 6 機購入　793 普天間飛行場移設　840 イージス・ショア分　115
収入計	102.6	
（主な収入）租税	63.5	
特別会計線入れ	6.5	
国債	32.5	

（注）辺野古工費は政府試算では最大 9300 億円以上、工期 12 年とした
出典：「朝日新聞」（2019 年 12 月 21・26 日）をもとに作成

ここで参考として、２０２０年度政府予算案（図表６－11）を示す。きわめて巨額である。大きな税改革もない。

（6）巨額財政赤字と社会保障財源不足をなくす

国がなすべき政策の方向性として次が挙げられる。

①経済成長をめざす。
②通貨造発によるインフレ。
③支出と収入についての抜本的改革。

①について少子高齢化と現役世代人口があり、大きな成長は困難である。税による格差拡大も大きく作用している。年金不安もある。

②は現状そのものである。もっとも無責任なもの

で、国民生活を破壊するおそれがある。

①、②はアベノミクスの考え方に似ている。リフレ派の説を採用し、異次元緩和をして、経済成長をめざす。しかし、次のような問題がある。

・年金不安は現実的問題である。そこでの最大のものは十分な年金がもらえないことや生活が立ちゆかない人がいることである。

・2%インフレになれば国債の市場価額が下落し、日銀、金融機関、国債所有者に大きな損失が生じる。財政再建はますます困難になる。

・若者の就職率が改善したのは少子化で大卒者が減り、団塊世代の退職者が多く生じたためである。

残る政策は③しかない。要点をのべる。

・労働者派遣法を改める。非正規労働者はアルバイト、家計補助、定年後の人に限定する。併せて最低賃金を上げる。

・国会議員の歳費（2018年度平均2657万円）を減らし、定員も減らす。
・年金と健康保険について、長期視点から見直す。今のままでは財源不足である。
・公共事業費、防衛費を減らす。
・消費税を10％以上にしない。
・所得税のうち給与所得と配当所得税を見直す。
・法人税率と各種特別措置を見直す。
・異次元金融緩和を改める。財政赤字をごまかし、インフレのおそれがあり、出口がない。紙幣が紙クズとなっては遅い。

これらのいずれもが大きな痛みを伴う。しかし、国債の信用は徴税権、紙幣の信用は日銀の通貨発行に信用があってこそである。それらの信用がなくなって生活が破壊されるまえに痛みを伴う改革をする。それを今するしかない。明日では遅い。

主要参考図書

明石順平『アベノミクスによろしく』集英社インターナショナル、2018年
明石順平『データが語る日本財政の未来』集英社インターナショナル、2019年
五十嵐敬喜他『公共事業をどうするか』岩波書店、2002年
池田信夫『日本人のためのピケティ入門』東洋経済新報社、2015年
伊藤周平『社会保障改革のゆくえを読む』自治体研究社、2015年
伊東光晴『現代に生きるケインズ』岩波書店、2006年
伊東光晴『アベノミクス批判』岩波書店、2014年
浦野広明『税が拡げる格差と貧困』あけび書房、2016年
大守隆『日本経済読本』東洋経済新報社、2019年
翁邦雄『日本銀行』ちくま書房、2013年
金子勝『平成経済衰退の本質』岩波書店、2019年
ケインズ（塩野谷九十九訳）『雇用・利子および貨幣の一般理論』東洋経済新報社、1975年
駒村康平『日本の年金』岩波書店、2014年
島崎謙治『医療政策を問いなおす』筑摩書房、2015年
シュムペーター（中山伊知郎他訳）『資本主義、社会主義、民主主義』東洋経済新報社、1952年
鈴木亘『財政危機と社会保障』講談社、2010年
田島代支宣『破綻と格差をなくす財政改革』あけび書房、2016年
富山泰一『消費税によらない豊かな国ニッポンへの道』あけび書房、2009年

野口悠紀雄『日本を破滅から救うための経済学』ダイヤモンド社、２０１０年
林栄夫『財政学講座２』有斐閣、１９６４年
原真人『日本銀行、失敗の本質』小学館、２０１９年
ピケティ（山形浩生他訳）『21世紀の資本』みすず書房、２０１５年
藤井聡『10％消費税が日本経済を破壊する』晶文社、２０１８年
藤巻健史『迫りくる日本経済の崩壊』幻冬社、２０１４年
藤巻健史『日銀破綻』幻冬社、２０１８年
三木義一『日本の税金』岩波書店、２０１２年
椋野美智子『はじめての社会保障』有斐閣、２０１６年
村田克也『税金のしくみ』三修社、２０１５年
八代尚宏『社会保障を立て直す』日本経済新聞出版社、２０１３年
湯本雅士『金融政策入門』岩波書店、２０１３年
吉川洋『人口と日本経済』中央公論新社、２０１６年
吉沢浩二郎『図説　日本の税制』財経詳報社、２０１８年
Richard A. Musgrave〝Theory of Public Finance〟McGraw-Hill Inc.,US,１９５９年
『世界』２０１８年5月号、岩波書店

あとがき

安倍首相は2020年にあたっての年頭所感で、幼児教育や高等教育の無償化、1億総活躍社会などの政策を列挙した上で、「すべての世代が安心できる社会保障への改革を進め、最大の課題である少子高齢化に真正面から挑戦していく」と強調した（「朝日新聞」2020年1月1日）。

しかし、次が指摘できる。

・具体的財源や大きな税制改正を述べていない。

・巨額財政赤字に触れていない。

・原発について触れていない。費用が高く毒性をなくせず、エネルギー効率がきわめて低いからである。

出版にあたり、海鳥社の皆様に大変な苦労をかけました。感謝します。

田島代支宣

2020年1月

田島代支宣（たじま・よしのぶ）
1940年，東京都生まれ。久留米市在住。東京都立大学卒業。元水資源開発公団勤務。著書に『水と土と森の収奪——循環をとりもどせ』『水とエネルギーの循環経済学——大量消費社会を終わらせよう』『卑弥呼女王国と日本国の始まり——九州起源の日本国』『原発廃炉と破綻をさける財政改革——国債暴落とインフレ危機を回避する』（いずれも海鳥社）がある。

生活《せいかつ》破壊《はかい》する財政赤字《ざいせいあかじ》と社会保障《しやかいほしよう》財源不足《ざいげんぶそく》

■

2020年4月20日　第1刷発行

■

著者　田島代支宣

発行者　杉本　雅子

発行所　有限会社海鳥社

〒812-0023 福岡市博多区奈良屋町13番4号

電話092（272）0120　FAX092（272）0121

http://www.kaichosha-f.co.jp

印刷・製本　モリモト印刷株式会社

ISBN978-4-86656-069-4

［定価は表紙カバーに表示］